超忙し母さん
夢見る父さんの
マイウェイ子育て

親子で語る

保育園っ子が20歳《はたち》になるまで

近藤直子 Kondou Naoko
近藤郁夫 Kondou Ikuo
近藤暁夫 Kondou Akio

HITONARU SHOBOU
ひとなる書房

もくじ

目　次

この本は、当時の記録にもとづく直子（母）の文章に郁夫（父）と暁夫（長男）がコメントするという形で、息子が生まれる前から成人するまでのわが家の足取りを追ってみたものです。

近藤直子　一九五〇年生、日本福祉大学社会福祉学部社会福祉学科教員
近藤郁夫　一九四七年生、愛知県立大学文学部児童教育学科教員
近藤暁夫　一九八〇年生、立命館大学文学部地理学科学生

装幀・本文レイアウト／山田道弘
イラスト／近藤直子

はじめに　わが家は普通？

「今日は仕事が遅くなりそうだから、保育園のお迎えお願いね」

「そんなこと言ったって、俺だって大事な会議があるから駄目だよ」

「今朝になっても熱がまだ下がらない。でももう私、仕事休めないわ」

「子どもが病気のときは母親がみるもんだ」


なんて、けんかをしている共働き家庭が多いのでは……あなたの家庭はどうですか？

一人親家庭ともなると、仕事が片づかないとき、職場のつきあいで抜けられないとき、そして何よりも子どもが病気のとき、仕事と家庭生活の両立で悩んでしまいますよね。

夜七時とか一〇時、さらには一二時くらいまで保育してくれる保育所もできはじめているし病児保育も始まったけれど、まだまだ実施している所は限られています。今日も日本のどこかで、子どものお迎えや看病のことでけんかしたり頭を悩ませている父母がいることでしょう。

わが家も共働き家庭ですが、子どものお迎えや看病で夫婦げんかをしたことはあまりありません。二人とも大学教員なので時間のやりくりがつきやすいせいもありますが、子どもが産まれる前から現在まで、一貫して忙しく働き所得が多いのも妻であり母である私のほう。のんびり屋の夫とバリバリの妻という組み合わせなので、家庭で実権を握っているのも私。父親が子育てに取り組むのは当たり前。妻にだけ負担がかかるということはなく、けんかにはなりにくかったのです。とはいえどうしようもないときもありますよね。そんなときは厚かましくいろいろな人の手を借りて切り抜けてきました。

わが家は、私の続発性不妊のせいで一人っ子です。成人した息子がゼロ歳のときには、昼間の保育を夫が担当しました。現在は父親の育児休業も認められ、育児休業を取得して一定期間育児に専念する男性も出てきましたが、二〇年前には特異な存在でした。だから、珍しい体験をまとめて『おとうさんの子守歌』というタイトルで出版したいと夫は張り切っていました。しかし、ゼロ歳の途中で保育園にも入《はい》れ、二歳児のときには半別居生活になり、いつの間にかその企画は忘れ去られていきました。でも私は、いつかわが家の子育てをまとめたいと考え続けていました。息子がおとなになったら、息子の視点から、わが家の生活や子育てをふり返ってくれたらうれしいなとも思っていました。

乳児保育の枠が狭くて保育園に入れず、ゼロ歳のときに昼間の保育を父親が担当したり、幼児を抱えて半別居生活を営むなどなかなかシビアな環境にありながらも、仕事をこなしつつ、保育園に父母会を作ったり学童保育所を地域に作ったりと子育て環境の充実にも取り組んできた、たくましくも元気な団塊世代のことを、息子をふくめた若い人たちに知ってほしいと思っています。長時間労働で疲れ、教育問題の報道にふれると子育てのことで心が揺らぎ、近所の人に預けることにも気をつかい、しんどい思いをしている子育て世代の父母を間接的に励ましたい、そして、自分の働き方もふくめ社会のことを考えつつ子育てに取り組んでいく手がかりをつかんでくれたらと思っています。

そんな思いで、大学の長期休暇中に息子の成育記録をひっくり返して読んでみたら、なんとまる四日もかかってしまいました。何せ、ノートにしたら四四冊もあるのですから。ゼロ・一歳時代は保育者との交換記録が山のよう。小学生になると、学校の記録は作文や作品以外にはほとんどなく、学童保育所の指導員が書いてくれたノートだけが残されています。さらに中学生になると毎日に何か特別な変化があるわけでもなく、しかも読んでくれる保育者も指導員もいないため張り合いがなく、けっきょくほとんど記録は残っていませんが、幸い、息子のほうが記憶してくれているため、息子の記憶で補うことができました。

あらためて成育記録を読んでいると、何よりも気づくのは私が働きすぎていることと、なんと多くの人たちの援助をいただいているかということです。

「週に六日も夜いないなんてそれでも母親か〜っ！」なんていう夫の愚痴も見つけました。子どもが保育園に入れたら、途端にゼロ歳児の母親なのに大学の役職を引き受けたり、夜の会議にも頻繁に出席していることがわかります。夫が京都に就職し半別居生活になり、息子の保育園のお迎えがほぼ私一人の肩にのしかかっていたときでも、近所の人や保育園のクラスの人にお迎えを頼んだり、いったんは家に帰ったあとにまた息子を連れて夜の会合に出たりで、週に四日くらいは夜出歩いているのです。もちろん、土日も働いていることが多く、夫が名古屋のわが家に帰ってくることをよいことに各地で講演しているのですね。

ゼロ歳から小学校一年生までは、保育園の保育者や学童保育所の指導員はもちろん、近所の方にお迎えにいってもらったり預かってもらったり、ゼミの学生にベビーシッターを頼んだり、夫の両親に看病してもらったり、いろいろなおとなの手を借りてわが家の子育ては成立してきました。小学校二年生からは息子が一人で留守番をするようになり、息子のがんばりによってもわが家の生活は支えられてきたのです。

また一人っ子の息子は産まれたときから近所の小学生たちにかわいがってもらい、その後、保育園の友だちや先輩たち、近所の年齢の近い子どもたち、そして何よりも学童保育所の先輩、後輩たちとともに世界を広げ、鍛えてもらって今の彼を築いてきました。

兄弟よりも仲のよい同じ歳のいとこ、季節ごとに訪れた私の両親と姉妹、そして息子にいじめられながらも忠誠を尽くしてきた二匹の犬、息子をかわいがってくれたたくさんの私たちの教え子たち、そして学校でお世話になった先生方や学友、学童保育所でいつも訪れていた駄菓子屋のおばちゃん、じつにたくさんの方々が、私たちと息子を支えてくださっていたのだと、成育記録を通してあらためて痛感しています。

一人の人間が産まれて育って成人するということはホントーにすごいことなのだと感動すらおぼえています。当時の記録をもとにした私の文章に夫と息子がコメントをつけてくれました。三人の共同作品が生み出せる喜びを感じつつ……。

近藤　直子

プロローグ

息子が産まれる前の私たち

貧乏暮らしにおさらば

妻がバリバリ働き夫はのんびり暮らす、こんな二人のパターンができたのは、そもそもの二人の育ちや性格のせいもありますが、二人の結婚生活にも起因しています。

私たち夫婦が結婚したのは一九七三年、夫が二六歳、私が二三歳の大学院生同士のときでした。結婚に熱心だったのは夫のほうでしたが、夫の友人たちの「決まった職もないのに暮らしていけるのか……」という心配に対して、「私が何とかするから大丈夫や！」と啖呵を切ったときから、私が家庭の主導権を握ったのです。

とはいえ奨学金とアルバイトで暮らす非課税世帯の貧乏暮らしで、最初に住んだ家はトイレも風呂も屋内にないベニヤ板でできた家でした。外気温と室内気温が同じという素晴らしい家で、冬は水道から出している水が凍り石筍《せきじゅん》のようになっていました。

「家事は夫婦で半々に」という主張の女性も出はじめた時代でしたが、わが家は二人の家事能力に決定的な差があったため、最初はほとんどの家事を私が担当しました。何しろ、小学生のときも祖母に着替えさせてもらっていたという甘ちゃんの夫と、小学二年生から料理も洗濯もほとんどの家事をこなし、町内のゴミ当番やどぶ掃除などにも出ていた私とでは雲泥の差。少しずつ教えていく方針を採用しました。その場合も「したことのないことはできなくて当たり前」を基本に気長に教えることにしました。子どもと同じで、関心のあることから教えようと、食べることが大好きな夫なので料理から教えはじめ、台所の片づけのような苦手なことは私が担当して、順次洗濯、掃除とクリアしてきました。現在は掃除が最も苦手ではありますが、一応の家事はこなします。料理しつつ台所を片づけることができてきたなどと現在も進歩を続けています。本人の関心をたいせつにすることと、努力を認めることがやる気を生み出すという意味で、子育てと夫育ての基本は同じですね。家事をこなしつつあれば子育てだって何とかなるもの。

二人の間では、どちらか先に就職が決まったほうについていくことになっていました。先に大学院を修了した夫の就職はなかなかうまくいかず、公募要件を満たしていないのに出した私の就職のほうが先に決まり、博士課程の途中で日本福祉大学女子短大部に就職することになりました。「やった〜、これで何とか暮らしていける」

採用が九月という中途半端な時期だったため、私は名古屋にある夫の実家に半年間居候し、一九七八年の四月に二人で独立し名古屋市の本山にアパートを借りました。家の中にトイレも風呂もある二間のアパートで、ぐんと文化的な暮らしになりました。私はまだ新米ということで仕事も楽で授業と実習くらい。学生たちと授業後喫茶店で喋るなど楽しい

教職員住宅の玄関の前で

日々。港保健所から頼まれた一八か月健診後の発達相談の仕事くらいしか大学外の仕事はありませんでした。夫は何度応募しても就職が決まらないこともあって、この後一年くらいは「俺は世間から必要とされていないんだ」とくすぶりながら、非常勤で道徳教育や教育原理を教える日々。「経済的には何の心配もないんやし、神様がくれた時間やと思ってしっかり研究したらええやん」という私の叱咤激励も、女房の扶養家族で暮らす男の悲哀にはあまり効果はありませんでした。ホンマ情けない！

その年の末、かねてから入居を希望していた大学の教職員住宅があくということで、喜んで引越し。何せ家賃が当時二〇〇〇円というお値打ち品。トイレも風呂もあるし、ボロくて狭いけど二階建てで三部屋あるし職場は歩いて三分。家から出て一分の所にいりなか保育園はあるし、子育てにこれほどの場所はないという抜群の環境。

夫は住宅の小学生たちとすぐに仲良しになりました。住宅の子どもたちの家庭はほとんどが父親不在。仕事に打ち込む父親たちの存在の薄さに、小学生たちは廃車のガラスを割ったり、ごみ箱あさりをしたりとエネルギーをもてあましていました。「これはあかんで」と夫は子どもたちを集めて「子ども会」を結成し、野球やコマ回し、虫取りやバーベキューなどにいそしみました。「コンチあそぼ」と毎日呼びかける小学生たち。そして大学にすぐ近いため、私のゼミの学生も「風呂へ入れてください」「郁夫先生将棋を指しませんか」と何かと言えば集まってくるのです。子どもたちと学生たちとともに楽しい日々を送る夫。次第に持ち前の明るさを取り戻していきました。

小学生たちの父親がわりを務める夫。そしてそれをバックアップし夫を頼ってくれる小学生の母親たち。子どもを通して近所づきあいはひろがるもの。そして入れかわり立ちかわり訪れる学生たち。ますます子育てにはよさそう。七九年の七月には子どもたちが犬を拾ってきてわが家で飼うことになりました。これが「チビタ」です。賑やかで楽しい住宅。子どもができても皆が見守って助けてくれそうな環境。夫は来るべき共働き子育て生活に備えて自動車学校に通い免許も取得し万事ＯＫ！

子づくりに励んだ成果が……

「これで子どもをつくれるぞ」——勤めて一年目に妊娠するのは職場ではひんしゅくだ

ろうけど、二年目なら許されますよね。七九年度に妊娠して八〇年に生むという計画で、せっせと夫婦で励みましたが思うようにはいきません。七九年の夏に岩手在住の友人夫婦と、妊娠を期して八幡平の秘湯の後生掛温泉に出かけ、願をかけたところ、なんと御利益あって一〇月には妊娠がはっきりしました。もちろん友人夫婦もその後妊娠。ホント御利益がある温泉、ありがたや～。

こうして私は大学の移転を三年後に控え、バタバタしている同僚たちを尻目に妊婦生活に突入したのです。

幸せな妊婦生活のはずが、妊娠が判明して二週間後に出血し、切迫流産で入院するはめに陥ってしまいました。私は高校時代に子宮内膜炎に罹患し癒着があり、母は「妊娠しにくいだろう」と言われていたそうですが（こういう状況になってはじめて教えてもらったのですが）、そのせいかもしれません。しかし、まさか流産なんて思いもしない私は「ちょっと出血があるし……」と軽い調子で受診したら、車椅子に乗せられ即入院。もちろん何の準備もしていなかったので、夫がいるはずのわが家に看護婦さんが何度も電話してくれたのですが、のんびり屋の夫はふらふらと外出中。昼下がりになってやっと連絡がついてびっくりして飛んできました。看護婦さん、ほんとうにご迷惑をおかけしました。

診断は切迫流産で絶対安静。まず六週間は安静が必要と言われ、それからがたいへん。

動けない私に代わって夫が診断書をもらい大学に事情を説明。すでに引き受けていた東京都教職員組合をはじめとしたいくつかの講演のお断りや、港保健所へ発達相談を休まなくてはならない旨を連絡。「やるときにはやるんだ」と私は夫の頼もしさを再発見。

六週間休むということは後期の半分を休むことなので、急遽大学では一、二年生のゼミと講義の担当者を交代。三、四年生のゼミは自主学習を基本に夫が面倒をみてくれることになりました。ほんとうに多くの方に迷惑をかけることになりましたが、病室には夫はもちろんですが、ゼミの学習委員長がゼミの打ち合わせにきたり、教務委員をしていたため教務課の職員が仕事の打ち合わせにきたりで、同室の患者さんにも迷惑をかけたのでは……。ゆっくり入院もしておれない、何とも私らしい生活。

でも迷惑をおかけした方々にはすまないのですが、これはこれで良い経験でした。看護実習生に担当してもらい、看護技術はもちろん必要だけど患者にはおしゃべりの時間もたいせつなことを実感しました。また絶対安静ということでベットの上で排尿も排便もしましたが、これが何ともたいへん。緊張するからということもあるのですが、水平方向に排便するのはなかなかしんどいものなのです。出し切ったという爽快感がないのです。重力にしたがって排便することの気持ち良さ。それは障害をもった子どもの発達を専門にしている私にとっては得難い経験でした。

落ち込まないで一つ一つの体験を生かしていくという楽天性は、のんびり屋の夫と結婚してじわじわと身についてきた資質ですが、入院も良き体験となりました。三週間の入院後三週間夫の実家でお世話になり、年明けてから勤務に復帰しました。この時期にはもう授業は終了しており、迷惑をかけた学生たちとのつきあいと保健所の発達相談だけが仕事でした。安定期に入り胎動も始まり日に日にお腹が膨らみ、三月末に実行委員長として開催した心理科学研究会の研究集会では「小錦」と呼ばれるまでになっていました。

こんにちは赤ちゃん

四月の末に産休に入り、赤ちゃん用品の準備も終え、いつ出産を迎えてもOK。就職以来しばらくぶりののんびりした、チビタとあそび夫と語り合う生活。母から教えてもらった妊婦体操も律儀に毎日取り組みただひたすら安産を望むのみ。ただ一つの不安は保育園のことだけ。でもこれも産まれてみないと何とも……。

六月も中旬になりもうそろそろかな？　予定日になったのにまだ陣痛がなく、二日後の朝方「これが陣痛かな?」という痛みがきはじめました。夫の車でさっそく受診。「今日中には産まれるけれどまだ大丈夫」ということで病室でうんうんうなって待っていました。

痛みを我慢していたら息苦しくなり、看護婦さんを呼ぶと、「ちゃんと妊婦呼吸をしなさい」と叱られ、「こんなときに叱らんでもええやないか」とふてくされつつ「ヒーヒーフーフー」と妊婦呼吸。

夫の立ち会い分娩はまだあまり行われていませんでした。もし立ち会い分娩があっても私はしなかったでしょうね。何しろわが夫は少しの血を見ても「死ぬ～」と騒ぐ人ですし、私は負けず嫌いで人に弱味を見せたくないので、当時は夫にだってうめく姿は見られたくなかったからです。

さて私は昼下がりになって、分娩室に一人入れられベッドに寝かされました。この日は帝王切開の手術が三件入っているとかでスタッフはすごく忙しそうでした。孤独ななか一人で「ヒーヒーフーフー」言っていると、時々看護婦さんが見にきてくれます。私は生来の大声なのですが、せっかくきてくれたからと「まだ産まれませんか？」と尋ねたら、「それだけ大きな声で喋れるならまだよね」。産まれるときの感覚ははじめてなのでわかりませんが、以前読んだ『浮浪雲』（ジョージ秋山のマンガ）のなかの「赤んぼを産むのは大きなうんこを出すようなもんだ」というせりふを手がかりに、二度目に看護婦さんがきたときに「もう産まれるような気がするけど」と言ったら、「それだけ大きい声がでるならまだよ」とまた同じことを言われました。でも「うっ出る～」という感じなんですよね。

今度こそはと三度目にきたときに「絶対産まれると思います。見てくれませんか～っ」と叫んだら、私の股を覗いて「あらほんと、もう産まれるわねぇ」ということで、やっと医師を呼んでくれました。患者の言うことを信じんかい！

午後三時三五分、男の赤ちゃんが誕生。夫はもちろん、昼すぎには大阪の母も、夫の母もきてくれ、産まれたばかりの息子を見て「目をしっかり開けて賢そうな子や」と三人で悦に入ったそうです。

私はといえば、その夜は当時よく施されていた会陰切開のせいで痛みがひどく、陣痛の痛みとこの痛みとで「もう二度と子どもなんか産まへんぞ～」と決意していました。でも翌日になって痛みがとれたら、かわいいわが子に決意はすぐに崩れましたが……。

元気が戻ればすぐにすることは授乳と名前を考えること。夫は子どもを女の子と決め込んでいて、名前は茜を考えていました。ちばてつやのマンガに出てくる元気で健気な主人公の名前をもらうつもりでした。女の子が夕方の茜なら男の子は明け方の暁というのが私の考えたこと。夫が郁夫なので息子は暁夫に。近藤というありふれた名字に対して名前はあまり使われない漢字なので、同姓同名は避けられるというのも考えたことです。世の中に希望をあたえてくれる子にとの親の願いをこめました。

郁夫より
こんな僕が父となる

新婚生活、新居は京都北白川の石屋の作業場の小屋からスタート。おじさんたちが朝早くから「コンコン、トッテン」と石を削っていました。黙々と早朝から働く職人さんたちの姿に、夜更かし怠惰の僕はいろいろと思ったことでした。

学生結婚でしたから、子どもを産み育てることよりも、まずは僕たち自身の経済的自立が鍵でした。たまたまカミサンの方が先に就職が決まり、僕はオーバードクター（博士課程を出ても就職がなく、非常勤職で食いつなぐ）に。両方ともオーバードクターになる可能性はありましたから、これで何とかヒモではありながら、食っていけるかも。けっきょくのべ六年間、カミサンに養われて暮らしました（今も同じようなものですが）。

いりなかの住宅もボロボロでしたが、愉快な日々。近所の小学生と親友になり、彼らがよく「コンチー、あそぼ」と誘ってくれ（コンチーというのは、当時子どもたちがお互いにあそび仲間を「○○チー」と呼称していて、僕にも名誉ある呼称をくれたのです）、彼らのおもしろい行動的少年期を僕も少年期をやりなおしながらあそびました。

カミサンのゼミの学生さんもかわいく、よくあそびにきました。卒論の相談にのったり、コンパに誘われたり、将棋を指南したり、傑作は「先生、風呂に入れてください」のリクエスト。「あーさっぱりしました」と去っていく男子学生のゴーケツぶり。

子どもが生まれたら共働きになる。これははっきりしていました。やがて保育園の送り迎えに車がいる。免許を取っておかなくてはと、自動車学校にも通いました。教壇に立つ側から久しぶりに受講する身。講義のうまい下手やわかりにくさの元は何かなど、それなりに受講生を楽しみ、車が動きはじめたときは、幼なき日のデパートの屋上の自動車を思い出したりもして。

彼女が「妊娠したかもしれない」と言ったとき、覚悟はしていたけれど、不思議な気持ちがしました。「ええ？　こんな僕が父になる。えらいこっちゃ」

何の身と心の準備もないままに、父親になっていっていいのやろか。出産の当事者でないがゆえに、産後に鍛えられていくんやろな、そんな覚悟めいたものはしましたが、これまでとまったく違う世界に入っていくうれしさもありました。

彼女のゼミの学生諸君は「妊娠・入院・出産」の過程を僕とともにしてくれました。

暁夫より
有史以前

いやはや、この頃の私は、まだそこらへんを浮遊している原子のチリだったわけですから、記憶などあるわけないのですが。しかしまあ、読ませてもらうと「人の誕生にドラマあり」ですか。就職一年目は子も生めないなど、なかなかたいへんだったようで。こうして生まれてくるのも一苦労ですな。やれやれ。しかし、こっちとしては生まれる環境は指定できないので、このように一応の準備を整えていてくれたことは幸せであったと思います。感心感心。

読んでいて、親父がことあるごとに「お前も稼ぎのいいカミサンをみつけろや」と言っていた意味がわかりました。養ってもらっていただけでなく、掃除洗濯もできなかったとは！　結婚するまで何やっとったんじゃ（なお、親父の名誉のために、自転車の操縦を直ちゃんに教えたことなど、多少はパートナーに貢献したことを付記しておきます）。しかし直ちゃんのような稼ぎのいい人間はそういるわけではない。これしかあなたの生きる道はなかったとはいえ、よくぞつかまえたものだ。父よ、あなたは偉かった。これだけは尊敬する。逆にいえば、直ちゃんをつかまえられていなかったら、親父は一体どうなっていたのだろう。アア、考えたくない……。

私が女の子だったら、茜という名にしようと親父が考えていたことは聞いてましたが、まさかちばてつやのマンガ『みそっかす』の茜ちゃんだったとは！　はじめて知りました。しかし、『みそっかす』の茜ちゃんですか。かわいくて、明るくて、健気で、うーん、ワイの好みや。親父もわかっとるやないけ。いいセンスしとる。

ところで親父。私が生まれたらタバコをやめると宣言してから、もう二〇年やぞ。これ以上二酸化炭素の排出に貢献せんでもええんとちゃうか？　孫が生まれるまでにはやめといてや。

しかし自分の過去を多少とも客観視できる年齢になったときに、このような自分の過去の記録（しかも有史以前から）が残っているというのは、とてもありがたいことですよね。

両親に感謝！

波瀾の
ゼロ歳時代

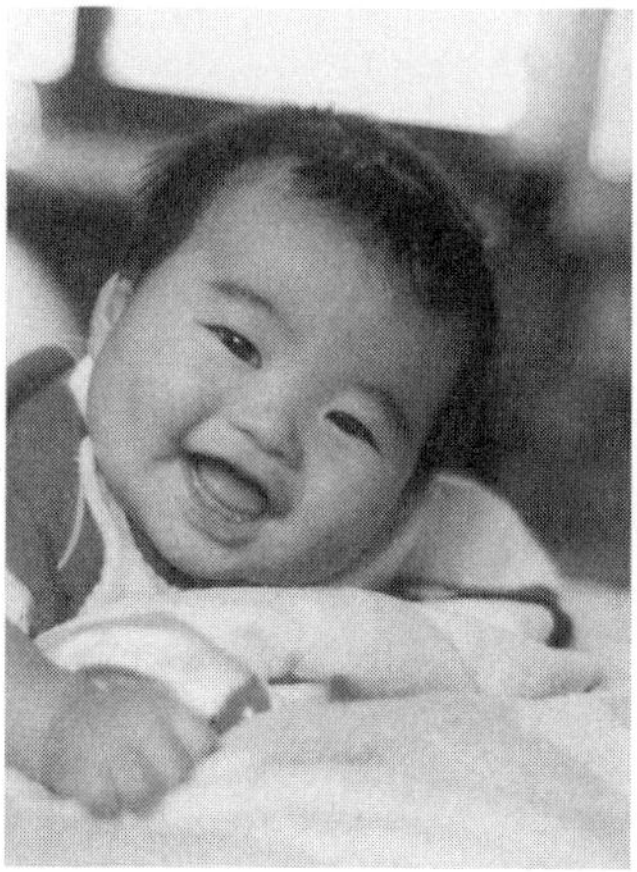

私は人間ホルスタインか？

病院のほうが楽だよね

出産後一週間は病院ですごすわけですが、親子別室だったので母親としてはゆっくりできて助かるというのが率直なところ。ふさふさとした黒髪と背中の大きなほくろが目印のわが子を、授乳時間に授乳室に行き、受け取り、授乳。母乳がちゃんと出ているのやらどうやらわからないけれど、乳首に吸いつくかわいい子。ある意味でおいしいところをいただいているという感じですね。

自宅分娩がよいとか母子同室がよいとかいろいろな意見があるけれど、私は一週間楽させてもらってラッキーというのが感想です。母子同室で母子関係が深まる親子もあれば、最初からわが子の泣き声で眠れなくて辛いという親子もあると思います。新米の母親がしんどくなく子育てできるためには、その母のペースをたいせつにしたやり方を選択できることが必要ではないでしょうか。

ところが退院するとそういうわけにはいかなくなります。もちろん母体の休養のために、私の母が仕事を休んできてくれて、家事をこなしてくれたので楽は楽なのですが、一日中赤ちゃんがいるというのが案外たいへんなのです。授乳間隔はわりと安定していて、夜一一時頃、二時頃、五時頃に泣くのですが、もともとが早寝でよく寝る私としては夜中起きるのがたいへん。そこへもってきて、昼間は寝方が違うのですね。一〇日目くらいからもう甘えが出て抱かれないと寝なくて、下におろすと泣いてしまいなかなかたいへん。二〇日目くらいにはお乳が足りないのか、やたらと泣き、私は思わず「私は人間ホルスタインか！」と叫んでしまいました。天井の鐘が揺れるのを見てにっこりしたり、母があやすとにっこりしはじめたりと反応があってかわいいのですが、「もっとゆっくり寝てくれ〜」というのが本音。赤ちゃんに自分のペースが乱されることに慣れるのがたいへん、ということなのでしょう。

ところが一か月経つと、父親があぐらをかいている膝の中にすっぽりと納まり、ぐっすり寝てくれるように。「魔法の膝だっ」。これにお父さんはぐんと自信をもつ。おっぱいはやれんけど、わしの膝は魔法の膝だ。このときです。『おとうさんの子守歌』という題で本を書くぞと思いついたのは……。

外に出ろとぐずったり、相手をしないとぐずったり段々に要求の出てくる暁夫。私のほうは九月からの職場復帰に備えて八月にはゼミ生のレポートを読んだりと仕事を開始した

忠犬チビタと早朝のお散歩

のですが、そんな母の思惑を吹っ飛ばす暁夫の泣き声。なかなか仕事が思うに任せません。でもいざとなればお父さんの必殺膝がある。ところがこれもからだがしっかりしはじめてきたら、納まらなくなってきました。ほんと子どもって親の思惑をどんどん越えてしまうものなのです。

子どものいる暮らしは楽しい？

とはいえ泣かなければかわいいわが子。一か月をすぎると微笑むようになり、カーテンの動きやモビールの動きに微笑み反応は旺盛。「賢い子やで」と親馬鹿も板につき、私の体力回復にともない、外気浴の機会も増えていきます。早起きの私たちは五時半すぎには起きてチビタの散歩。暁夫も乳母車で参加。チビタは最初はやきもちを焼いていましたが、私たちにとっては暁夫のほうが大事だということがわかると、暁夫に吠えなくなりました。暁夫の誕生祝いをくれた方々へのお礼も、暁夫が産まれた夏の暑中見舞いも、親馬鹿な暁夫自慢一色。泣かれて寝られなくても、日々成長していく姿と父母を求める姿が、とにもかくにもかわいいのですね。

一か月健診は出産した病院で受けました。私も暁夫も異常なし。生まれてはじめての本格的な外出に暁夫は大きな目をきょろきょろさせていました。待合室で出会った一か月健診にきていた赤ちゃんも目を開いて私を見ているので「私のことを見てますね」と母親に声をかけたら「うちの子まだ目は見えません！」と言い切られました。当時はまだ赤ちゃんの見る力について今ほどは一般に知られていなかったからですが、子どもの成長をともに喜び合えるともっと子育ても楽なのにね。

ねむらせてくれ〜っ

保育園に入《はい》れない

そうこうしているうちに私の仕事復帰が迫ってきました。当時は育児休業は学校の教師くらいにしか認められていませんでした。もちろんわが職場にもありませんでした。産前産後各八週の産休があるのみ。でも育児休業制度があっても私は取得しなかったでしょう。なぜってわが家の主たる家計維持者は私。私の収入が家族の生活を支えているからです。

収入の減る育児休業なんてとてもとても。

さて私の場合は、後期の授業が九月一五日からなので産後約三か月で職場復帰ということになります。ただ九月のはじめにゼミ合宿があり、これが久しぶりの仕事。ゼミ合宿がわが家にとっては最初の試練。泊まるわけなので授乳が困ります。一か月頃から少しずつミルクも飲ませて味に慣れさせせました。冷凍母乳もまだあまり聞かれない時代でした。合宿には搾乳器持参で参加しました。夫のほうは「お母ちゃんがいない間大丈夫かいな」と心配だったようですが、何とか二人ですごせてこれまた自信をつけました。とにかくやってみたら何とかなるもの。やってみる機会がないから、やらなくてはならない必然性がないから、男性は「できない」と決めてかかるのかもしれません。

おしめを替えようとしたら手の平ににゅーっと大便が出ても、もうびびることのない立派な父親。授乳もおしめ替えも何でもやるぞっ。

でももっとたいへんなのは毎日の保育。夫の家族は「こんな小さい子どもをかわいそう」と言いましたが、私が働かなくてはわが家は暮らせませんし、乳児保育の意味は、私自身が乳児保育のアルバイトをした経験や、実際に乳児保育に取り組む保育者の養成をしていて、人一倍わかっていたので迷いはまったくありませんでした。肉親でないと子どもをかわいがれないなどというのはまったくの偏見です。私は障害児の療育に取り組むなかで、母親にはできないことがたくさんあることも感じてきました。たとえば子どもと真剣に一時間つきあうことは、それが一時間という限られた時間ならできますが、母親のように一日中つきあっている者にはとてもできないことなのです。また集団だからできることもあるのです。ゼロ歳児の保育をしたときは一人で三人の赤ちゃんの保育はたいへんだと思いましたが、それでも子ども同士であそんでくれる時間もあり、だから何とか保育できるのです。

母親でなければかわいがれないという偏見が、どれだけ母親を苦しめているでしょうか。何が母親の役割で、何は父親や保育者ができることなのか、もっとていねいに検討したいものです。最初のわが子との二か月のつきあいで感じたことは、授乳はもちろんのことですが、どうも子どもは一か月も経てば、相手に求めるものが違ってくるようだということでした。私には授乳と安心を、父親にはあそびを求めるらしいのです。関わりの質からそうなるのでしょうか。

ともかく、何としても仕事復帰後の保育体制を整えなくてはなりません。夫は息子が産まれたらすぐに福祉事務所に保育所入所を申し込みました。しかしゼロ歳児保育の枠が狭いのは昔も今も同じこと。年度途中では空きはありません。今みたいに産休明け予約入所の制度もありませんでした。暁夫を散歩で連れて出ると、いりなか保育園の園長さんが

「保育園に入れるといいね」と声をかけてくれるけれど、こればかりは空きを待つしかありません。九月は入所更新の時期なのであらためて夫に福祉事務所に行ってもらいました。待機にはカウントしてもらいましたが、ともかく空いている保育園はありません。そこで私は「共同保育所に入れるかあなたが家でみるか」と迫りました。私の授業のある日は夫が家でみて、夫が非常勤で働いている日は幸いに私の授業がないので私がみることができるからです。夫は「共同保育所に入れるのと家でみるのとどっちが楽か?」と聞くので、「共同保育所に入れれば、昼間は完全に空くけれど、共保は物資販売やバザー、夜の会議とかが忙しいよ。私は昼間働くからそうした仕事はあんたがせんとな」と答えたら、「そんなら俺が家でみる」ということにまとまりました。でも、福祉事務所にはちゃんとアピールしておかなくてはならないので、たびたび暁夫を背負って福祉事務所に行って「保育園まだですか? まだ入れませんか?」と「赤ん坊の世話をせんとあかん可哀相な父親」を演じてもらいました。

家と職場を走る日々

わが家で息子をみるという体制はこれはこれでなかなかたいへん。私は一時間目の授業が終わると走って家に戻り離乳食を作り、また大学へ戻ります。夫は新聞を読みつつ息子の相手をし、昼が近づくと私の作った離乳食を食べさせ、自分の食事を作り食べて、また暁夫の世話をし、私が三時半に帰ってくるのを楽しみに待ち、私と交代で喫茶店へと走っていくのです。私は私で、三時半より遅くなるとやたらと機嫌の悪くなる夫にそれなりに気をつかって、とにかく三時半にはいったん家に帰り、必要ならば暁夫を連れてまた大学に戻るという生活。

気を休めることもなく、ただ仕事場と家との間を走っている私。なのに、三時半より少しでも遅いと「遅い～」と怒る夫。普通の専業主婦に比べれば、三時半以降は私が交代するのだからうんと条件は良いのですが、それでもこらえきれない背景には、「ゆっくり新聞すら読めない」「本も読めやしない」という気持ちがあったようです。研究者として新聞や専門書に目を通すのは当たり前のことなのに、その当たり前ができない。子どもはかわいいけれど、こんなに子どもに振り回されるとは……。

とにかく早く寝てくれ、早く食べてくれえ～。だから離乳食も次から次へと口へ放り込み、後に保育園に入ってから「暁夫君は噛まないねぇ、何でも飲み込んじゃうよ」と言われてしまうような状況だったのです。

そして当時夫が最も力を入れたのは、なかなか寝てくれない暁夫を寝かせるための秘術の開発でした。寝てさえしてくれれば少し落ちついて本が読めるのに、そんな思いで開発した技は「秘術ピッカリ落とし」と「バックドロップ」。「秘術ピッカリ落とし」とは、抱いていないと寝つかなくなっていた暁夫を抱いて寝かせつけたあと、そーっとそのまま抱いて下へ持っていき、布団に乗せてさっと手を抜くという技。「バックドロップ」は抱いたまま後ろに倒れこんで腹に乗せたまま暁夫をずらして布団に寝かせるという技です。「赤んぼなんて泣いても放っておけば寝ていくわよ」と言う人もいますが、はじめての子どもだと泣かれるのが親は辛いのですよね。泣かせずに寝かせつけたいと思うと抱くことになるし、抱くとその気持ちのよさから子どもは抱かれ続けたがるし、でも親は肩が凝るし、家事や仕事もしたいから子どもを一人で寝かせたいしで、そこに葛藤が生まれるわけですね。子どもが寝てくれるうまい方法はないのかしら。うつ伏せだと比較的おとなしく寝てくれますが、乳児突然死になりやすいというし、たいへんですよね。

それは、授業がない日の私の気持ちでもありました。私の授業がない日は私の保育担当日。この日には夫は非常勤で仕事をしたり、近所の小学生たちと野球をしたり、喫茶店へ行ったりとマイペース。考えてみると私のほうがたいへんですよね。ちゃんと働いて、仕事のない日は育児と家事をしてるんだから。でも、それであまり頭にこないところが私の懐の大きさなんちゃって……。

だけど、昼間仕事をしているのに夜の暁夫の授乳はしんどいですよね。暁夫が夜中泣いていても夫はぐーぐー。もともとあまり夜中に目を覚ます人ではないので当然なのですが、でも頭にきますよね。私は昼間働いているのですから。「暁夫が泣いてるのに起きんかい！」と蹴ったりして。ここは主たる家計維持者の強いところ。専業主婦とは違います。そのうえ、職場復帰に向けて混合栄養にしていたので、父親の出番が当然あるわけで、眠い目をこすりながらも、夫はミルクを調合してくれました。

一番眠いのは明け方。家族全員早起きで五時半には起きるのに、暁夫は四時頃にも泣くようになったのです。「泣くな！」と言ったから泣きやむわけではないので、膝に抱いたまま襖にもたれて居眠りした日もありました。睡眠不足でぼーっとしていたせいか、洗濯機のホースをおろすのを忘れて水をあふれさせたり、包丁で自分の指をぐさっと切ったり。これは二針縫いました。

二針縫ったときはさすがに気がついた男性教員から「どうしたの？」と尋ねられ、「寝不足で頭がぼーっとして包丁で切っちゃいました」と正直に言ったら、「僕の母なんて五人も子どもがいたけど、そんなことは一度もなかった」なんて言うので、「そんなん昔の母は弱音を吐くことを許されなかったから子どもに言わへんかっただけやん」とお腹のなかで目いっぱい悪態をつきました。自分は子育てを担当したこともない人に偉そうな口は聞かれたくない！　私が若い頃障害児のお母ちゃんたちに言われたのと同じことを思っていました。

学生や近所の奥さんたち（同僚教員の奥さん）のほうがよっぽど親切なので、助けてもらったのはもっぱらこうした人たちでした。私も仕事、夫も仕事というときが月に何回かあったため、その日はゼミの学生がわが家で子守をしてくれました。土曜日には定期的に二人とも仕事があったので、ベビーシッターを募集したら、わが家の向かいにある学生寮の住人が応募してくれました。ちょっとした時間は、近所の奥さんに預かってもらいました。五か月すぎには人見知りが始まっていた暁夫なので、わが家での保育でも泣かれて、随分と皆さんにはご苦労をかけたようです。そして、何かというとあそびにくる住宅の小学生たちが、家事をしている間、暁夫のお守りをしてくれました。なんだかんだ言っても、けっきょく当てになるのは近所の人。そして素直な学生たち。これはいつの世でも言えることではないでしょうか。

泣きの涙の保育所入所一か月

保育園に入れることになって

そんなこんなでばたばたしていたわが家も、なんと二月からは生活がガラッと変わりました。急に暁夫の保育所入所が決まったからです。一月末に転勤する人が出て、いりなか保育園のゼロ歳児クラスに空きができたのです。「やったー！」

保育所入所が決まるまでの道のりは私たちにとっては長いものでしたが、それはそれでやっぱり良い経験でした。まずは入所申込書類の準備で気づいたこと。保育所は「保育に欠ける子どもを保育する児童福祉施設」（児童福祉法二四条）なので「保育に欠ける子ども」だという証明が必要になります。その証明は母親についての証明なのです。父親ではありません。母親が就労していたり介護で手を取られていることを証明するのです。父親はあそんでいても構わないのです。わが家のようなケースは少ないとはいえ、母親は働いていても父親はいわばパート就労なのですから、両親の条件でいえば、父親がフルタイムで働いていて母親がパートで勤めているという組み合わせと同等なはずなのですが、そうではないのです。この制度は、母親が家庭で保育することを前提にして、その母親が就労などで子どもを保育できにくいことを「保育に欠ける」と規定しているわけです。考えたら変ですよね。当時はまだ男女雇用機会均等法も育児休業法も未整備だったから仕方ないかもしれないけれど、男性にも育児休業を認めた現在もこれが続いていたらおかしいと思いませんか?

そして一一月には、保育所入所に関わって福祉事務所の面接がありました。このときは働いている母である私が行ったほうがよいのかなと思って私が行きました。私の場合は大学の雇用証明があるわけですから、第一希望から第三希望までの園名の確認や保育時間の希望についての型通りの面接でかんたんに終わりました。でも私の前に面接を受けていた若いお母さんはかわいそうでした。喫茶店を経営しておられるようで、喫茶店の利用客の数や、混む時間帯などを細かく尋ねられ、「混んでるのは限られた時間なんだから面倒が見れるでしょう!」というような言い方をされていました。とくに乳児保育の場合定数が少ないため、なかなか保育所に入れないのですが、なかでも自営業の方は入所が厳しくなっています。自営業は自宅で営業していることが多いので、母親が家にいるとカウントされるからです。私のような雇用労働者は自宅外労働とカウントされ、ほんとうは自宅研修が可能であったとしても細かいことは問われません。これも変ですよね。仕事場が自宅かどうかではなく、仕事をしていれば、子どもを中心にした生活を営むのが困難だから保育所に申し込むのですから。少しずつ乳児保育の枠は増えてきましたが、保育単価がかかる(保育者の数がたくさん必要)ため、自治体はなかなか定数増をしたがらないのが現状です。わずかな枠を父母が互いに取り合うのでなく、保育所の整備に力を寄せ合うことがたいせつですね。

そしてこの面接の後、わが家に福祉事務所から訪問調査がきました。ちょうど私は授業中で家におらず、夫が暁夫を抱いて対応したそうです。担当の男性職員は「たいへんですね」といたく同情して帰ったようです。私が家にいないときでラッキーでした。家に帰っていたときだったら保育所に入れなかったかもしれません。そして、夫に単純に同情するような「子育ては男のするものではない」と思っている職員でよかった。男でもできるじゃないかと思われたらこれもなかなか入れなかったでしょうから。

そしていよいよいりなか保育園に入所。二月のはじめ、暁夫が七か月半のときでした。

入所が決まれば保育園用の布団を用意したり、名前をつけた着替えを新たに用意したりと、することは増えましたが、そんなことは保育園に入れる喜びに比べればどうってことはありません。

それよりも入所して驚いたことは、保育所入所の順番がなんで決まるのかはっきりしないことでした。暁夫のクラスは、ゼロ歳児クラスなのに珍しく、年間に何人もの子どもが出入りしていたクラスでした。途中退所がすでにあり、暁夫の前に途中入所したのは両親が医師をしている五月生まれの子どもと、生協職員と共同保育所保母の七月生まれの子どもでした。

医師夫婦の子どもは入所したのが秋で、そして二月末には退所してしまいました。退所理由は「保育所がこんなに忙しいとは思わなかった。これならベビーシッターの方が便利だ」というものでした。いりなか保育園は、父母と保育者がともに子どもを育てていこうという方針のもと、毎月クラス懇談会を夜に開催していました。それ以外にもバザーなどの取り組みの準備で夜の会議を行っていましたが、ゼロ歳児のしかも新米の父母が出るのはクラス懇談会くらいなのに、それで「忙しい」なんて……。楽しいクラス懇談会で保育者と仲良くなれる機会なのに。かわいいわが子を預けている保育者と仲良くなれ、そして自分たちの知らない昼間の子どもたちのかわいい姿を語り合える機会なのに、それを忙しいとは……。どんな医師生活をしているのやろ？　というのが私の率直なところでした。そしてベビーシッターを毎日雇えるほどの収入がある人が、なんで保育所に早く入れるのかな？　というのも率直な疑問でした。

なぜって？　その家庭が退所した後に入ってきた家庭のほうがよっぽどたいへんそうだ

ったからです。子どもが八月生まれで、父親が臨時教員、母親が生協職員でわが家よりも収入は少なそうな夫婦でした。

ひょっとして入所申込順？　次の四月に二度目のゼロ歳児クラスに所属しましたが、そのとき新たに入所してきた子どもたちは、産休明けから共同保育所で保育を受けてきた子どもたちで、暁夫よりも月齢の早い四、五月生まれもいました。それらの家庭は地下鉄職員の父と看護婦の母というわが家よりもさらにたいへんな勤務形態の家庭だったし、政党職員と中学校教員の夫婦でこれもわが家よりたいへんそう。一体何が保育所入所の際の優先順位なのでしょうか？　生まれ月？　勤務条件？　収入？　何？

入れはしたものの、保育科の教員として働く身には、後からいろいろと考えさせられることの多い保育所入所でした。現在は、父母が保育所に直接入所を申し込めるようになりましたが、保育所は何を優先条件として入所させる子どもを選んでいるのでしょうね？

涙、涙の毎日

一九八一年二月六日初登園。生後二二三日目。保育園にはじめて行った日はちょうど朝の睡眠の最中。目を覚ましたらいつもと違う場所でいつもと違う人。

突然大声で泣きだし、川上保母に抱かれてボーッ。離乳食も一口も食べず。その後も保母が動くたびに不安になって泣き、保母に抱かれては少しほっとするも、微笑むことなくまた寝入ってしまったとか。夕方のおやつではりんごを食べ喃語も少し出て――

「ヤレヤレ、ほっとするとともに急にいとおしさを感じたひとときでした。こんなに小さな赤ちゃんが知らない世界に送り込まれて、その中で一人前に頑張って一日目を過ごしたんですもの」(二月六日、保育者)

夕方五時前に迎えにいった父を見つけて両手を出し甘える。帰宅後母が帰ると「アーアーアー」と大声で母に抱きつく。この日は大便を夜する。緊張して保育園では出なかった分を出したよう。よく頑張ったね。これから毎日保育園通いだよ。

「二日目になったら離乳食も保母の膝の上で食べるようになりました。一人ではまだ泣けちゃうけどね」(二月七日、保育者)

「一週間経って大分慣れてきましたが、午前中は登園後すぐに眠くなることもあってか不安定で保母が動くと泣けてしまうのですが、午後の昼寝の後はすっきりして、保母が側にいなくてもあそぶようになってきました。ただ生活の区切りで泣くので抱くとも

う離れるのが嫌という感じでしがみついていますが、立ち直りは段々はやくなっています」（二月一三日、保育者）

保育園では引き出しを押すのを楽しんだり、保母にくすぐりあそびをしてもらって大喜びしたり、次第にあそべるようになってきたけれど、それでも不安で泣いてしまうし、家でも朝夕ぐずぐず言うことが増え、何か安定しない日々。子どもにとったら急に親の都合で生活を変えられるのだから不安定で当たり前ですよね。育児休業明け保育も同じように保育者はたいへん。産休明けだと子どもは世の中のことがわかっていないので、保育園生活が当たり前になりやすいけれど、ある程度家庭での生活を積み上げて、自分なりの生活イメージができてきたり人見知りが始まっているとたいへんです。一歳すぎての育児休業明けは、子どもが親の後追いをする時期だからもっとたいへん。子どもにとってしんどさの少ない時期の保育所入所ということだと、六か月になる前のほうがよいのかもしれませんね。

「半月以上経ったら随分と保育所にも慣れて、保母に誘われて階段登りしたとか。『すごーい』と夫婦で感激。はじめて登った保育所の二階で、保母が他の子を連れにいっている間も布団の山をよじ登ったりして一人であそべたとか。慣れ出すといろいろな場所に冒険に行くこともできるんですね」(二月二四日、母)

保育所生活一か月をすぎ三月に入ると、保育園っ子らしく病気をもらうようになり、発熱したり下痢するようになりました。生活リズムも崩れはじめ夜泣きも復活し、大した熱ではないので保育園に行くのですが、保育園でなかなか昼寝が寝つけず泣き虫さんになり、とくに生活の区切りで泣いては保母を困らせていました。慣れたようでも子どもにとってはたいへんなことなのでしょうね。でも、そんななかでも「大きなたいこ」の歌や「いないいないバー」あそび、散歩やボール追いかけあそびなどを保育園で楽しんでいますし、家では「イヤイヤ」「ハーイ」「バイバイ」などの身振りや絵本を楽しんでいました。暁夫は親の商売柄、動くことよりも絵本のほうが好きで、『くんくんとかじ』という絵本の消防自動車がとくにお気に入りで、そのページばかり開けて見ていました。動くよりも口が先というのはその後もずっと暁夫の特徴ですが、これって親のせいですよね。喋ることと本を読むことと書くことが商売の私たち。どうしてもそういう関わりのほうが得意だし楽しいんですよね。

こうして熱もだし泣いてはいても、子どもは成長するエネルギーに満ちあふれているので、立ち止まっているということがないのですね。ぐずりながら泣きながら力をつけていくゼロ歳児。すごいですね。

そのすごさを私たち夫婦だけでなく、保育者やクラスの父母たちとも共有できることは素晴らしいことだと思いませんか？　やっと始まった保育所生活ですが、世界を広げつつある暁夫に負けずに、私たちも世界を広げていきたいものです。

郁夫より
「おとうさんの子守歌」時代

新しい生命の誕生。それは待ったなしで自己主張をはじめます。小さな手。ちゃんとかわいい爪までついている。足の裏側がフワフワで気持ちいい。かつて姪や甥と関わった感触がよみがえってきます。

当分の間、母親が仕事でいないときも、僕が暁夫の面倒をみようか。ゼロ歳児の子育てや世話をするという機会は、これからはそれほどないだろうし、貴重な経験かも。どうせ「新しい型のヒモ」をやっている身だ。専門は一応、教育学だ。僕も子育てに参加しよう。おしめをかえたり、お乳をのませ、離乳食をつくり食べさせたり、あやしたり。ところが甘くありません。

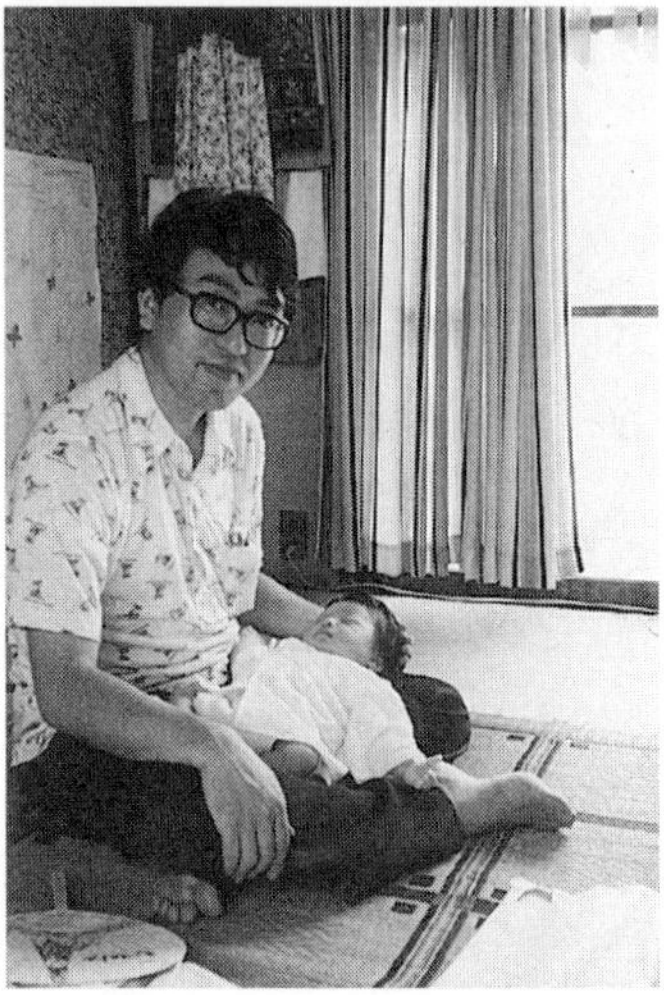

おっぱいはやれんけど……

まず第一に、僕にはオッパイが出ないという当たり前のことに気づいたのです。男のお乳では、触ってもおそらくゼロ歳児のハートをつかまないだろうし、何よりも母乳（父乳？）が出ない。これは大きなハンディー(?)だ。オッパイさえ出れば、もう少し楽な場面もあったような。男と女の決定的な差異にあらためて気づいたことでした。

第二に、愛しいわが子がかわいいのは当たり前なのですが、そして、授かった生命でありありがたく幸せであることはたしかなのですが、一日ずっと家にいて、ゼロ歳児の世話をするということのあまりのたいへんさに気づいたことです。世のお母さんたちはこうして毎日、家にいて、子どもを育ててきたのか。これは生活としては単調で、外からの刺激も薄く、ましてや孤立している場合ならば、まことにしんどいことであるのだと心から実感しました。世のお母さんは偉い！　と心底思ったときであります。

同時に、お母さんたちの発達条件の問題も軽視できないことがわかってきました。ちょっと息抜きできたり、気分転換できたり、相談にのったり、のられたり、そんなささやかだけれどもたいせつな共同が、夫や近所の人たちとできていくこと――僕の場合はよく喫茶店に逃げ込みましたが――このことは決定的だと思います。孤立していて相談相手もおらず、息ぬきもできない。これは大変なことだと身にしみました。

とくに工夫(?)したのは、抱いて眠ったわが子をどうやって布団に寝かせるか、でした。ここでこのまま眠ってくれれば、その間に本が読める。その思いは切実で、「秘術ピッカリ落とし」や「バックドロップ」など、いろいろためしましたが、成功率はそんなに高くありませんでした。核家族化のなか、孤立している親にとっては、こんなささいなことでも、子育ての「知恵」として継承されればどんなにありがたいことでしょう。

「魔法の膝」も不思議。僕のあぐらの中にすっぽりと納まるわが子、揺すれば心地良さそうに寝入っていく。あれはこの時期、ゆりかごみたいな役割を果したのでしょう。

近所にあったいりなか保育園からは「さあ、オサンポするよ」と優しい声が聞こえてきます。近くの小学校からは「コラー、静かにせんか！」と朝礼の教師の拡声器の声が聞こえてきます。「さわやかな朝にそっちこそ静かにせんか」でありました。それに比して、保育園の保母さんのみずみずしく明るい声かけ。

こんな所でわが子が保育してもらえたら……。

こうして僕の福祉事務所通いが始まりました。いつも（今も）汚いみすぼらしい恰好をしているので、その服装でわが子を背負い、「まだ空きはありませんか〜」いたく同情されたのかも。対応の仕方が残念ながら父親と母親とでは違う、ということも、当時（今も）あったのでしょう（ジェンダーよ、怒れ）。

そしてめでたく、いりなか保育園に入所できました。保育の専門家たちが、懸命に新しい生命体とともに生活をつくりだしていっている。その姿を見ていたら「よし、僕も親としてできることをしよう」と新たな決意をしたものでした。

暁夫より
記憶にございません

〈直ちゃんへ〉

いやいや、この頃は記憶がないもので「早く泣きやんでー」とか「眠らせてくれー」なんて哀願されてもこっちは知らんちゅうに。

しかし、私が保育園に入るのにもそんな苦労があったとは。私は物心ついた頃から保育園におり、それが当たり前だったのだが、親のほうでは涙ぐましい努力があったのですか。うーん、私は幸せものだー。もっとも、子どもはそんなことは知らずに楽しく保育園に通っていればいいもので、「親も苦労しているんだからボクもその辺をくんでやって、不満を言わないで保育園に通ってあげよう」なんて考える子どもがいたら、そりゃ気味悪いっちゅうに。そういう意味で私は健全だったのだな。よし。

〈郁ちゃんへ〉

「暁夫のせいでおちおち専門書も読めない」というのは八つ当たりというものですよ。大体、読んだところで右から左に抜けていくくせに。現在でもわが家に専門書が山ほどあるけど、どれも一回読んだきりでしょうが。読むのはもっぱらマンガで。

この頃のわが家は、もともとあまり清潔とはいえなかったうえに、周辺の教職員住宅の住人が大学移転にともない皆引っ越していき、わが家が最後に残り、引っ越した家のゴキブリが大挙してわが家に押し寄せてきたため、ゴキブリの巣窟と化し居住環境はなかなかのものであったそうです。湯船にゴキブリが浮いていることはしょっちゅうで、毎晩私の頭上をゴキブリが飛び交っていたと伝わります。もしかしてこれが私の原風景(?)——その後も(高校生になって)神田まで朝比奈正二郎著『日本産ゴキブリ類』(ゴキブリ分類学唯一の定本、定価一万二千円)を買いに行くなど、ゴキブリとの縁は切れていないし。

しかし、やはりわたしの原風景はいりなか周辺の景観となるのでしょう。あの頃のいりなかは住宅地化の最終局面を迎えていて、引っ越し後に寄るたびに緑が少なくなっていたことを思い出します。なんでも、福祉大が移転した途端に周辺の地価が上がり、住宅地化が急速に進行したそうです。現在では、かつてのわが家もライオンズマンションに、ジュブチやケブチがあそんでいた雑木林も団地に変わり、ともに跡形もありません。「カナブンの木」も住宅地の中で淋しそうに立つばかり。もう、カナブンもやってこないのでしょうね。

でも変わっていってもいりなかはいりなか。独特のよさがあります。高級住宅地であることが土地利用にゆとりをあたえ、東山から続く緑もまだなくなってはいません。それに、南山大学や名城大学が常に地域に「若さ」をあたえているのでしょうか、八事―いりなか―星ケ丘へと続く東山丘陵はいつ行っても生気にあふれている感じがします。でも、いりなかの景観を特徴づけている一番大きなものは「坂」の存在だと思います。坂のおりなす起伏が、景観にリズムを生み出し、常に違う表情を見せてくれるのです。いりなかは歩いていて楽しい街です。都市というものは、平坦、画一的で機能的ならよいというものでもないのでしょうね。もっとも、いりなかも最近は自動車が増えすぎて歩きにくくなってしまいましたが。

綱渡りの
保育園生活

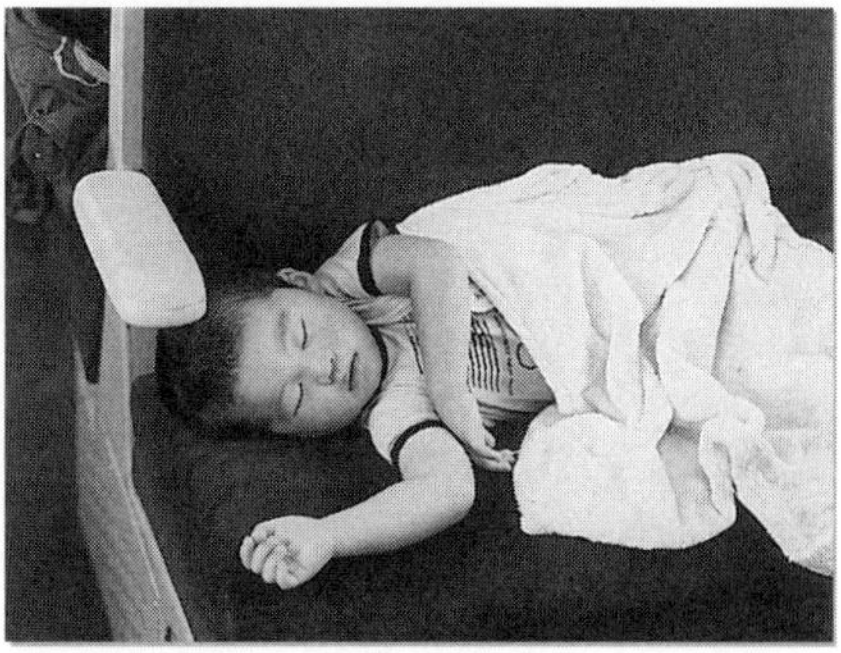

これじゃあ父子家庭だ〜っ！

試練はすぐにやってきた

新学期の四月、暁夫はいりなか保育園で二度目のゼロ歳児クラス。進級児三名と新たに入所してきた四名の七名で、月齢の大きいほうのゼロ歳児クラスが編成されました。

私は授業も人並みに戻り、教務委員にもなって「さあ、がんばるぞ」。夫はまたまた非常勤講師暮らし。だけど、最初のクラス会でクラスの幹事に選ばれ、保育所の父母会活動を「がんばるぞ」。暁夫は新しいメンバーが増え「また不安定になるかしら」というおとなたちの思惑を越えて、新しいお友だちとはいはいで追いかけあいっこしたり、友だちと並んでおまるでおしっこしたりとお友だちを意識して「がんばって」います。

というふうにいいかっこしてがんばっていると、必ず無理がたたります。四月二〇日の月曜日に生まれて以来はじめての三八度を越える発熱。夕方にはガタガタ震えはじめ指先が紫色になり、びっくりして病院に連れていきました。けっきょく二一日から三日間保育所を休みましたが、こんなときはお父さんが非常勤講師でフルタイムではないというのが助かります。病院に連れていくのも看病もみんなお父さん。病院で待っている間に三九・七度まで熱が上がり、血液検査やレントゲンまで受けて、お父さんちょっと不安に。でも本人は食欲もあり助かります。熱が下がれば元気いっぱい。給食のときに自分より大きいコウチャンにきゅうりを食べさせたりして一人前の顔。

四月末のクラス懇談会に出てみたら、それぞれの家庭のたいへんなことがよくわかります。とくに地下鉄職員と看護婦の組み合わせのタックンの家庭は、お父さんも変則勤務、お母さんもタックンが一歳になったので変則勤務。二人の勤務を調整しても朝・夕保育所の保育時間に合わせられないこともあるそう。幸いわが家は保育園から歩いて一分。お父さんは時間に融通が利くし、私も職場まで三分だしということで、必要なときはわが家で朝・夕預かることにしました。実際は五月の後半になってから夜一回と朝二回預かっただけですが、こうして友だちと保育所とは別の時間をともにすると、ゼロ歳児でも特別な感情が沸くようで、保育所では二人で顔をなぜ合ったり、スプーンで「パーイ」と乾杯しあったりしていたようです。後に、三月にもお母さんの出産の関係でタックンを預かったり、送り迎えをしてあげたりしましたが、その頃はわが家で暁夫の口をついて出るのは「タックン」の名前ばかりになっていました。親はたいへんでも子どもは何でもこやしにして成長していくもの。親同士上手に助け合えればいいんだと、私も気が楽になりました。

そんなこんなしていたらタックンを預かるどころではない事件がおきてしまいました。ゼロ歳児クラスで百日咳が流行してしまったのです。なんとクラス七人のうち四人が罹患。暁夫も罹患。暁夫の病気がわかる前の三日間は、私が大学行事のキャンプで留守。その間涙ぐましい努力を続け、やっとお母ちゃんが帰ってきてホッとできると思ったのも束の間、病院で百日咳と診断されたのです。お父さん、ガーン！　ほんとうだったらたいへんなこと。流行する病気だと保育所は休まなくてはならないからです。どの父母にとってもこういう流行病が一番困りますよね。

ところが、いりなか保育園では、ゼロ歳児が一度に四名、百日咳にかかったため、病児保育に取り組もうという話に。職員の方たちの親切には涙が出そうになります。ノンチャンの家を保育室にして、二人の担任のうち一人が主に担当することになりました。子どもたちの離乳食は昼間余裕のあるわが夫が保育所から運搬し、職員の勤務は九時〜五時にして、朝・夕の時間は四人の子どもの親でローテーションを組むことにしました。日頃はチームで仕事をしている保育者が一人で子どもを保育するのは、きっと気もつかうし、たいへんでしょうが、父母にとってはありがたいこと。こうして保育体制を話し合ったりすることで、父母間の仲も深まり、どうすれば夫に家事をさせられるかなんていう話で盛り上がったりしました。父母は何日でもがんばるぞーという気になっていましたが、子どものほうの回復力は早く、うつす心配がなくなれば保育所に復帰ということで、暁夫は咳は出るものの一週間で復帰をかちとりました。そして一週間後にはクラスのみんなで全快祝いを兼ねたクラス懇談会が開かれ、和気あいあいと盛り上がり、このクラスでよかったとあらためて思いました。

こうしてクラスのみんなで保育者とともに問題を解決するという体験は、共働き家庭にとっては貴重なものです。ともすると個人的に問題を考えがちななか、みんなで知恵と力を出し合って問題を乗り越えて、だから父母も子どももともに関係が深まる、そんな実感が今後の共働きの子育ての基本を形成していくのだと思います。ゼロ歳児のときにこんな体験ができたわが家は幸せ。災い転じて福となるのですね。

だけどこの頃の子どもはよく熱を出しますよね。百日咳騒ぎが納まったら半月後にはまた発熱。どうしても仕事の都合がつかず、このときは学生にベビーシッターを頼んで乗り切りました。そしたら今度は私が発熱。日曜日だったのに休めない仕事があったため発熱をおして仕事に出ましたが、夫も仕事があったので近所の奥さんにみてもらい切り抜けました。いろいろな人が助けてくれるから何とかやっていけるのですよね。

そんなどたばたのなかでも暁夫の成長はとどまるところを知らず、お父さんとにらめっこをしてあそぶようになったり、「アッコ（ダッコ）」「ブー」などとことばらしきものも出はじめました。これからが楽しみ……。

お父さん奮戦記

こうして、病気と父母間の助け合いで始まった本格的な共働き生活。母親である私の働き方は、子どもが生まれる前以上の忙しさ。教務委員を引き受けたのは良いのですが、何しろ大学の総合移転を二年後に控えているために、教授会もいろいろな課題があって長引くし、教務課題も山盛りで、とにかく各種会議がたいへんな状況に。

さらに、子育て前に引き受けていた障害をもつ幼児のための通園施設の職員との研究会や、名古屋保育問題研究会（保問研）障害児部会の活動、そして心理科学研究会や「昭和区障害児問題を考える会」（考える会）の活動を引き続き続けていたために、夜や日曜日に例会があって家にいない日が多かったのです。ここらへんが育児休業を取得する母親と違うところですね。一年間育児休業を取ると、その間は社会的な活動などもストップするため、育児休業が明けても、活動に復帰することなく職場と家庭を往復する生活になる人がわりと多いのですが、私の場合は三か月で職場復帰したので、ほとんどの活動をあまり休まないでいたため、すぐにすべてに復帰することになりましたし、夫も「そういうもんだ」と割り切っていました。

育児休業を夫婦で交代でとるならいざしらず、妻だけが一年間とると、夫は妻が子育ても家事もするのが当たり前のようにして仕事のペースを進めることでしょう。妻も一年間仕事から離れていて家庭生活のリズムを作ったため、育児休業明けは仕事だけでもせいいっぱい、という感じのようです。共働きらしい夫婦の協力体制を作るのには、最初から産休明け保育を選択し、保育所通いを前提にした生活を作った夫婦よりは、より努力が必要なのかもしれません。夫婦が協力しやすい労働条件が必要なのは言うまでもないことですが、そうなっていない日本の現実のなかでは、夫婦が共働き家庭の生活のあり方を真剣に話し合い先輩たちの経験に学びながら、その家庭らしいリズムを作っていくことが必要とされているでしょう。

こんな人並み以上に働く妻をもったお父さんはなんと涙ぐましい生活を送っていることか……。

五月末の大学のキャンプだけでなく、八月から九月にかけては教務委員会の合宿や全国障害者問題研究会（全障研）全国大会、そしてゼミの合宿（一、三、四年生それぞれ）というように宿泊で母がいないのです。一歳になってはいても、こう続けて母が泊まりというのは、看護婦や入所施設職員などの一部の限られた職業の人以外はあまりありませんよね。でも何せ暁夫が三か月になる前にゼミ合宿の洗礼を受けたお父さんですから、それはもう何とか切り抜けてしまうわけです。これも慣れですね。一人だとしんどいので、自分の親や姉の家、保育所の同じクラスのご家庭に上がり込んで、御馳走になったり暁夫の相手をしてもらって適当に手を抜いているのです。

そして私の短大のゼミとお父さんのゼミ（非常勤でわが短大で二年生のゼミを担当していました）の合同合宿なんていう荒技もやってしまいました。どうせやるなら一度にということ。でも当時は紙おむつがまだ普及していなかったので、三日分のおしめと着替えをリュックに詰め込んでの参加。学生たちが学習している間も暁夫は退屈するので、私がお守りをしているのですが、学生たちは自分たちで学習と討論を進めてくれ、学生たちにも支えられていると実感する合宿でした。二日目の夜のコンパではお父さんが暁夫を背負って「浪曲子守歌」を歌い大喝采を浴びました。ある意味で、保育者になる短大生には一番の生きた教育と言えたかもしれません。帰宅後は山のようなおしめの洗濯。だけど学生たちの素晴らしさを夫婦がともに再発見できた良い機会でした。「こんな良い子たちのために母ちゃんはがんばっているんだ」と夫もより張り切ってくれました。

それでも私のいない日が続くと保育者への愚痴が保育記録に——

「今晩、明晩、お母さんはいません。合宿に行きました。またしばらく父子家庭になります。お母さんがいないと、やはりお母さんの力は大きいものだとしみじみと思ってしまいます。いる時はいる時で当たり前なのですが。どうもアキが甘え気味です。お母さんがいないということが何かわかっているのかなぁ」（九月九日、一歳二か月）

お母さんのいない夜、会議に暁夫を連れていったお父さん、暁夫が滑って机の角で額を打ちかなり出血。びっくりして動転していたら、一緒にいた男性保育者がテキパキと病院に運んでくれ額を縫いました。その日の記録は――

「すまなかったなーアキ。お父さんの不注意では無かったけどすまなかったなー」（九月一四日）

翌日、私が帰宅してホッとしたお父さん。

「お母さんが帰ってきたのでホッ。この間延べ五日間アキと二人でねました。アキも頑張り、お父さんも頑張りました」（九月一五日）

こんな事故や発熱は、私がいないときに限って発生するのですよね。

「お母さんは研究合宿。なのに熱が出てしまいました。寝るときお父さんに熱い接吻をして固く抱擁して、お父さんの子守歌を聞きながら寝ていきました。どうか熱が上がりませんように。夜泣きをしませんように」(三月一一日、一歳八か月)

こんな愚痴に、「お父さんもたいへんですね」「すまなかったなーというお父さんのことばに子どもを思う親心を感じて胸があつくなりました」と応えてくれる保育者がいるから、お母さんがいなくてもがんばる気持ちになれるのです。しんどいときにしんどさを愚痴れる相手がいることって大きいですね。ありがとうカミテンテー(暁夫たちの担任を呼ぶときの言い方)。

もちろん、こうした合宿だけでなく、日々の生活のなかでも夜に私がいないことも多く、会議や研究会が重なると週のうち五日も六日も遅いときが――

「八時過ぎてふとんをひきだしたら、本を読めと要求。次から次へと絵本を読めと催促するのでついに『だめ、もう寝る』と言ったら大泣き。仕方ないので車で消防自動車を見せにいくとケロリ。そこで引き返し服を脱がそうとしたら『ネナイ!』と大泣き。無理やり脱がせると大泣きして咳まで出る始末。絵本を読んでやるとやっと泣きやむがしゃくりあげている。やっとお母さんが帰宅。電気を消すとお母さんの布団に入りしゃくりながら寝ていきました。かなりアキは強情になってきた。だいたい母親が週に六日も夜あけるとは何事であるか!」(三月一八日)

そして翌日の記録にも——

「今晩もお母さんはおらず。どーいう母親じゃ」

ハハハ、すんません。といっても私はあそんで出歩いているわけじゃなし。お父さんが夜いないのは、夜の講義を担当している日と保育所の父母会関係の会議のとき。それに比べて私の会議などのほうが多いということなのですが、私がいないときはお父さんは、実家や姉の家やいろいろな人の手を借りているのですが、夫がいないときの私は基本的には家で暁夫と二人ですごすか、私の仕事と重なったときは暁夫を連れて会合に参加していました。多くの会合はわが大学で行われていたので、家も近いし便利だから生協食堂で食べてその後会議室へ行くというふうでした。会合では暁夫はお馴染み。黒板に絵を描いたり、机でブロックをしたり、わりと良い子にしていました。どちらかというと動くよりはじっと絵本を見ているというタイプだったので、連れていきやすかったということでしょうね。動き回る子だとそういうわけにはいかないですから。

もちろん、夜の子育てだけでなく、病院への受診も父親のほうが多く、さらには保健所での予防接種も健康診断も私ではなく父親が連れていきました。私よりは夫のほうがずっと時間に融通がきくからです。現在でも保健所にお父さんがくるケースは少ないですが、当時のことゆえ、保健所にきている男の人は郁夫一人。いかな郁夫といえ、お母さんたちばかりのなかでただ一人の父親というのは恥ずかしかったようです。でも、恥ずかしくてもちゃんと連れて行ってくれるところがありがたいところ。就学後も家庭訪問には主に郁夫が対応してくれましたが、お父さんが子どものことで対応する家庭は珍しいけれど、お父さんだからラッキーということもあるのです。珍しいから保健婦さんも先生も親切で優しく対応してくれるからです。ある意味で世間は父親には甘いんですよね。

親になるのはたいへん

子どもができれば親にはなれるのですが、はじめての子どもは何をしてもはじめて。だから親としての体験もすべてはじめて。私は、保育所で乳児保育のアルバイトもしていたし、障害児の父母の発達相談もしていた経験があったけれど、自分の親心にははじめて接し、自分の感じ方に驚いたり、保育者をはじめとした他人の目にむかっときたりしつつ、次第におおらかに構えられる母親になってきました。もちろん夫は「暁夫かわいや、ほーやれほー」なので、保育者からのアドバイスもときとしては親への批判と受け取り、真剣に論争したりしていました。でも、幼いうちに、子どものことで真剣に論争したり語り合える機会があるってすごいですよね。自分の親心をみつめる良い機会をあたえてもらえるのですから。

私の驚いた自分の親心は三つあります。一つは、保育所ならではの子ども同士の関係についてです。仲間のなかで育つよさはそれまでの保育所などでの体験で実感していたにもかかわらず、いざわが子が集団で生活するとなると、そこでの子ども間のトラブルや、それへの保育者の対応について不満を感じる私がいるのです。二つ目は、夫と保育者の論争に現れていた保育者の暁夫評価について、わが子や私たちを批判するようなニュアンスにカッとくる私がいるのです。そして三つ目は、夜泣きにしても発熱にしても親の都合を考えないのが子どもだとわかっているし、乗り越えてきたはずなのに、自我が育ち親の言うとおりにならなくなってきた暁夫を責めてしまう私がいるのです。一、二歳児はちょうど私の専門の時期で一番得意で客観的にみれるはずの時期なのに、それがかえって肩に力を入れさせて、立派な子育てをせねばというプレッシャーとなっていたことにも気づかされました。

＊親心 その一――わが子が噛まれたことだけ覚えている

さて集団生活のなかでのトラブルについてですが、子どもたちは一般に一、二歳の頃は噛んだり、たたいたりとトラブルを起こしやすくなります。これは、仲間への関心が育ってきたけれど、関わり方が未熟でことばで関われずに体で関わるために生じるものですから、ある意味で発達上の摩擦音といえるものです。と、頭ではよ～くわかっていることなのですが、いざ暁夫が「被害者」になると、「被害者」の親としての気持ちのほうが大きく膨らむんですよね。今回保育記録を読んでいたら、じつは暁夫も「加害者」になっているのですが、そんなことは私の記憶から全部消えていました。「被害者」になったことだけが、記憶に残っているのです。しかも、暁夫より月齢は低いけれどからだはぐんと大きかったカズクンに噛まれたことだけをよく覚えているのです。朝、保育所に送りにいくとカズクンが近寄ってきて、暁夫が「ダメヨ、イタイヨ」と後ずさりしているのに、ズンズンと近寄ってきてガブリ。こんなシーンはしっかり記憶しています。ところが暁夫を噛んでいたのは、暁夫と仲良しで、親同士も仲良しで特別な時間もともにしたタックンもなのですよね。そのことはまったく忘れていました。

親心というのはこういうものなのですね。自分の子どもが「被害者」になったことは許せないから記憶しているし、とくにそれが自分の目から見て許せないような子どもがした場合強く記憶しているのです。相手の親がとくに気に食わないわけではないのですが、これが親も子どもも仲良し同士だと許せているわけですね。もちろん「加害者」になったことは成長の一こまとしてしか認識していないので、ほとんど記憶していませんでした。

身勝手ともいえますが、それくらいわが子がかわいいし、わが子を守らなくてはという意識が強いということです。最近の若い父母は子ども同士の噛みつき合いを「いじめ」ととったりするようですが、それは被害の側面しか見えないからでしょう。ほんとうは相身互い身なのですが、そう考えられるほど他の子を知らないし、他の親と深いつきあいではないということなのでしょうね。だから公園での関わりは難しいし、最近は私が担当している保健所の親子教室でも子ども同士のぶつかり合いが問題になっていますし、保育所でもそうですよね。帰宅後風呂に入ったら背中に噛みあとを見つけて、こんな目に合うなら保育所を辞めますという父母も出てきたようです。子ども同士は兄弟も仲間も、肉弾戦でやり合いながら育ち、けんかの加減や関わり方を学んでいくのですが、子どもの数が少なく兄弟同士のけんかも少ない今日では、保育所での体験が貴重とはいえ、そのことを父母にわかってもらうためには特別な努力が必要ということですね。
さて暁夫の「被害・加害」体験とその過程での仲間関係の深まりをちょっとたどってみましょう。
「今朝、二階の階段のところで、二歳児のリョウクンが暁夫の上に乗って押さえつけていました。子ども同士のこととはいえ、二歳児が一〇か月児を泣くまで押さえつけているというのは問題ではないでしょうか」（一〇か月、母）
と一〇か月ですでに「被害」を訴えています。
「タックンのパンツがなくなったのでアキチャンのパンツを差し出して貸してねというとコックリ。ありがとう」（一歳五か月、保育者）
「タックンが我が家に遊びに来て二人ともだっこしたら『オンナジ』と笑っていましたよ」（一歳八か月、母）
というようにタックンと仲良しの様子が記録にはたくさん出てきますし、わが家にもあそびにくるし、暁夫との会話にも「タックン」がよく出てくるので、噛まれたこともあったことなど忘れていましたが――

「タックンがアキの椅子に乗ろうとしたのでアキがおしのけると、タックンがガブリ」(一一か月、母)

などというように出会ったはじめの頃から噛まれているのです。その後もおもちゃの取り合いなどで噛まれているのですが、そうしたことは私にはどうでもよかったようです。

それでは「加害者」になったのはどういう状況かというと、一歳頃はおもちゃをとられそうになって必死で防戦していた暁夫も、一歳後半になると次第に力業を披露するようになっています。

「アイチャンがサインペンをとろうとすると『ダメヨ』と押し倒して泣かしてしまいました」(一歳八か月、父)

「今のところ一番のワルはアキチャンなんです。しかもいじめるのは赤ちゃん連中と女の子に集中しています。絵本を読んでやっているとき後から来た子を押し倒して『ダ

メダメ』と言っているのがよくみられます」(一歳九か月、保育者)

というふうで、わが子が一〇か月のときにされたようなことを、一歳後半でわが子がしているのですが、そのことは私の記憶の底に沈んでしまっていたのです。もちろん、一方では自分より大きな子どもとバケツを「オミコシワッショイ」と運んだりと、しっかりした仲間関係ももてているのですが……。

子どもの成長は、一人ひとりに個人差があっても、同じようなことをくり返すわけです。けれど親の意識においては、わが子の「かわいそうな体験」がより強く印象づけられるということなのでしょう。そのことを頭に入れて父母と対応せねばとあらためて心しています。

*親心 その二――保育者のわが子への評価にカッとくる

さて第二の論争についてですが、これは、担任保育者と私たちの子ども観のぶつけ合いでした。当時の乳児保育では、子どものからだづくりがたいせつにされ、しっかりと這わせること、しっかりと運動させることが重視されていました。だから産休明けで共同保育所に入った子どもは腹這いにしておくことが多く、乳児でも外で這わせたりすることが多かったようです。

ところがそれに対してわが家は、狭い二階建てで十分動ける環境がなかったこと、もともと暁夫のからだが固く動きが苦手だったこと、そして保育所に入れるまで夫婦が交代で保育していたのでおとな相手の生活だったこと、そもそも私たち夫婦は読むこと書くこと話すことが仕事なので暁夫に対しても話しかけたり絵本を読んでやったりが中心的な働きかけだったことなどから、保育所に入ったときから、子どもたちよりもおとなである保育者が好きで、動くことよりも絵本や歌が好きな子どもでした。

そんな暁夫だったので共同保育所出身の子どもたちに比して、保育所という集団生活に馴染むのに時間がかかりました。

ちょうど私が連日宿泊でいなかった九月（暁夫一歳二か月）に、父が「暁夫が甘え気味」と書いたのに対して、担任から「お母さん、お父さんがいるといないとにかかわらず、全体的にみてると他の子よりはおとなへの甘えの傾向が強いし、一人で……というのが強いなーと思っています。おとなの働きかけもちょっとベッチョリしすぎているのでは？　と気になっています」との返事がきたため、なんで親が子どもを甘やかしていかんのじゃとお父さんちょっと頭にきて、「ベチャッと働きかけることは大いにやろうと思っています。僕自身がベチャッとした人間なので。働きかけは地でやるより他ないんで、背伸びせずにというつもりです」と次の日に書いて返しました。

それで担任が気にして「私も舌足らずな表現をしたから不親切だと思います。ごめんなさい。じっくりと心をこめて心を通わせあってていねいに働きかけることは私もたいせつだと思っています。それについてはお父さんもお母さんも随分と心にかけておられて、アキチャンの生活についてもきちんと守っておられて感心しています。ただ保育園での別れのときの後追いが強いことや、なかなか自分から仲間を求めたりしない傾向をみているとどうしてかなあというのがあるのです」

これへのお父さんの返事が何とも長文。保育園での別れや父母の働きかけについて三点にわたり見解を述べています。要約すると、保育園の朝の時間は子どもたちがかわいくて、他の親のように忙しい仕事に追われているわけではないので、ついつい長居をしてしまい、わが子との別れのタイミングを失していることもあること、アキが甘えん坊だからかわいがってしまうけれど、人生のなかでたっぷり甘える時期があってもよいのではないか、そして最後にベッチャリというのは父の関わり方の問題で、母は抱き留めながらも次の課題を示してアキが別のことに関心を向けうるようにしているけど、自分はついつい抱いて終わりになっていて、アキが気分転換できにくくしていることを反省しているというものです。そして担任からは「子育てのロマンというか親のほのぼのとした愛情が切々とうたわれかえってこっちが学ばされました」という返事が……。保育者もたいへんです。

帰宅してからこの論争を読んで、さらに夫から「なんで親が子どもをかわいがっていかんのや！」というお怒りのことばを聞き、笑いつつも、私も「なぜ保育園の子どもはみんな仲間が好きで動くことが好きでないとあかんの？」と少しむかっときていました。いろいろな子どもがいて当たり前。とくに私のように障害児を専門にしているとほんとうにいろいろな子どもがいるのです。その子の良いところをたいせつにしながら、じっくりと人間としての幅を広げていけばよいというのが私の考えなので、暁夫のイメージの豊かさやじっくりと集中してものごとに取り組む良さを生かしながら、お友だちとのあそびのおもしろさも体を動かすおもしろさも、少しずつ知っていって欲しいと願っていたからです。

だけど、こんなふうに自分の子ども観を担任と闘わせることができるのは貴重なこと。他人がわが子をどう見ているのか、そのことを知ることは、わが子を客観的に理解するうえでも、また社会のなかでわが子が今後得るであろう評価を予測するうえでも必要なことです。父母と担任が正直に気持ちをぶつけあうことってなかなかできませんよね。病児保育に取り組んでくれたり、毎月のクラス懇談会でコミュニケーションに努めてくれているからこそ、真剣に論争できたのだといまさらながらに思います。

＊親心　その三——思い通りにならない子どもを責めてしまう

最後に一、二歳になっての「きかなさ」についてですが、ちょうど一歳後半になって

「イヤ」を連発する頃、わが家は転居を控えていました。大学の総合移転にともない、大学の教職員住宅が移転の一年前に売却されることになり、新居探しをしなくてはならなくなりました。忙しい毎日のなかで引っ越し先を探していたわけですが、大学の移転先に通勤しやすいこと、保育所が近くにあること、チビタが飼えることという条件に合う家はそうはありません。やっと見つけたのが現在住んでいる分譲マンション。一階には専用庭があるため何とか犬も飼えそう。名鉄の駅が近いし、団地の中に公立保育所も建設中。転居して一年間はいりなか保育園まで通い、通勤もいりなかまでということになるけれど、落ち着き場所が決まって一安心。

引っ越し準備を少しずつはじめ、本格的にゴールデンウィークに準備を進めました。その四月二九日、たいへんなことが……。室内の片づけをしてゴミを燃やしに外に出たお父さんを追って暁夫がトコトコと出ていったのは私が目撃しました。しばらくしてお父さんは帰ってきましたが、暁夫はついてきません。「あれ？　アキは？」と尋ねるとそもそもゴミ焼却炉には暁夫はついてきていなかったのです。「えっ、どこに？」お父さんの後をついて出た暁夫はどうもいつも私たちと歩くコースを歩いて行ったようなのです。びっくりしてお父さんは車で近所を走りましたがみつかりません。八事の派出所に届けたら「一歳児が迷子になるはずがない」。はずがないって言ったたって現にいなくなったやないか！

でも出ていったときの服装を聞かれても「Tシャツとズボン」とは言えても、どんなシャツだったかズボンだったか思い出せません。こういうのをパニックというのでしょう。とにかく見つけ出さなくては。

夫は車で私は自転車でとにかく近所を走り回りました。いつもの散歩コースにはいません。そこでひょっとしてと、バックホウが穴掘りをしている大学の正門の方へ折れていくと、なんとクラスのカズクンとカズクンのお父さんと一緒に工事を見ていました。ホッ。どこで暁夫を見つけたかと聞いたら、交差点で一人で信号待ちをしていたので「おかしいな」と思ってわが子と一緒に連れていたのだそうです。今なら携帯電話でわが家に電話するところでしょうが、そんな時代ではありませんでした。でもほんとうにありがとう。そして信号待ちをしていた暁夫は、ほんとうにおりこうだったね。多分、いつも行くパン屋さんに行くつもりだったのでしょう。甘えん坊の暁夫が一人で出ていったはじめての冒険。一、二歳児を専門にしている私の知識を大きく越えて行動するわが子。わが子をあらためて見つめなおさねば……。

と決意したのも束の間。私は暁夫を責めたててしまいました。五月の連休明けに無事引っ越した後のことです。

今度の住宅はそれまでのわが家に比べればはるかに広く、暁夫は大喜び。庭でチビタを飼うことになったら、庭でもよくあそぶようになりました。分譲なので三五年払いの高い買い物。そうなると私のなかに汚したくないという気持ちがふつふつと沸いてきました。それまではおしっこのしつけも、保育所と協力して進めてきて成功が多いけれど失敗もありました。前の家で失敗しても「どうせ廃棄処分になる畳や」とおおらかに構えていたのが、新しい家では失敗が気になるようになりました。おしっこのしみが〇〇万円にみえてくるのです。それで「おしっこあるでしょう?」「トイレいこう」としつこくトイレに誘い、「ナイ」「イヤ」というのに無理強いしてトイレ嫌いにしただけでなく、三〇分おきの頻尿にまでしてしまいました。

もちろん、お金が気になったこともあったでしょうが、食事についても夕食時「オヤツガイイヨー」(二歳一〇か月)と言ったり、「手を洗うよ」「イヤ」「エプロンするよ」「イヤ」(二歳)となかなか言うことを聞かなくなっており、一、二歳児の専門家としてはある意味で沽券に関わるという潜在意識も働いていたようです。発達心理学者だから良い子育てができるわけなんてないのにね。わが子については初心者マークつきの親なのに、看護婦だから保育者だから医者だから教師だから良い子育てを、なんて考えていると肩が凝るだけです。おしっこのしつけに失敗してかえって肩の荷がおりた私でした。でも、朝食時に玉子焼きをポイしたので叱っても「タベタクナイヨー」と抗議されると、つい頭にきてお尻をたたき自己嫌悪に陥ったり（二歳八か月）と、そうかんたんには悟りを開けませんね。

お父さんは頼りになる会長さん

ゼロ歳児クラスで父母会の幹事をしたお父さん。父母会総会で父母会長に選ばれてしまいました。暁夫は本来は一歳児クラスなのに、子どもの数の関係で、ゼロ歳児クラスの同窓生のうち転園したタックンを除いた大きいほうの子ども三名、つまりコウチャンとアキとショウチャンが二歳児さんと混合のクラスに所属することになりました。ヒヨコ組から急にゾウ組に飛び級。担任もまったく変わってしまいました。でも、あまり本人はめげておらず、ゾウ組になった翌日の夜、なかなか寝ないので「アキチャンは何組さんかな?」と尋ねると「ゾウ組サン」。「ゾウ組さんは大きいお兄ちゃんのクラスだね。何してあそんだかなあ?」と言うと急に「ジブンノ　オフトンデ　ネルノ」とお兄ちゃんぶりを発揮するくらいでした。

ゾウ組にはヨウチャンというアキよりも一年大きいお兄ちゃんがいましたが、お母さんがお産を控えていて、保育所のお迎えがたいへんということで、わが家が比較的近いので、しばらくヨウチャンと一緒に車で帰りました。ゾウ組でも助け合い。もちろん、わが家がお世話になることもあるわけで、お母さんが泊まりでいないのに、お父さんが早く出なく

保育所を支える父親たち

てはいけないときなどはカズクンのお家に朝預かってもらったりしました。

転居したので、わが家で子どもを預かることはなくなりました。また、転居したためにお父さんが仕事のときは、朝七時半に家を出てバスで保育所まで通ったりもしました。職場と保育所の近くに住んでいたときよりはしんどくなりましたが、もともとが早起きなのでとくに生活を変える必要はなく、暁夫は大好きなバスに乗れたり、お父さんの車で消防自動車やタンクローリーと競争したりできるのがうれしくてたまりません。そして、わが家から少し歩けば名鉄電車も国鉄電車（当時）も見えるのがうれしくて、「はたらくじどうしゃ」と「こくてつとっきゅう」おたくへの道をひたすら走っていました。この趣味は暁夫の現在につながっています。

このゾウ組さんから役員になったお父さん、会長にまでこれも飛び級。後に著書で「僕はいりなか保育園という大学に入り直しました」と書いたほど保育運動に力を入れたのです。父母会の中心は何といってもお父さんたち。クラス交流会の出し物（ゾウ組の劇が優勝しました）、バザーのとうもろこしや五平餅づくり、運動会やその後のバレーボール大会などでお父さんたちが大活躍するのです。お母さんは子育てで忙しいから、その分お父さんが保育所の運営や行事には力を発揮するのです。頼もしいお父さんたち。行事のたびにお母さんたちはわが亭主の悪口に花を咲かしながら、じつは惚れなおすのです。

郁夫より
保育園は第二の大学

いりなか保育園に入れたことは、新たな転機となりました。

きさくで明るくガッツのある保育者に、子どもたちだけでなく親も包まれていたような気がします。

保育者との子どもをめぐる語らいが楽しかったこと、親同士が知り合い、「困ったときはお互いさまですよ」というたいせつなことを自然に学べたこと。これは大きかった。

僕は父母会の幹事となり、父母の会活動に参加。アヒル組のクラスの親たちと、懇談会や歓迎会。おもしろい夫婦が多く、すぐ仲良しさん。

子どもたちを喜ばす芸達者なおやじ。きちんと実務をこなしていく事務職のおやじ。チャランポランでもおさえるところはきちんとおさえているおやじ……。もちろん、そんなおやじたちのバックにはしっかりもののこれまた個性的なオカアたち。病児保育も得難い経験になりました。ノンチャン宅を保育室にして、時間をやりくりしては給食運び。こんなことも保育園との共同なくしてはありえません。その過程で子ども相互だけでなく、親も保育者もさらに仲良しになりました。

当時いりなか保育園は新園を建設した後、その借金の返済を課題としている時期でした。バザーや物品販売などの仕事もありました。そこでも活躍している他クラスのお父ちゃん・お母ちゃんとも間近く接して、本格的な五平餅をつくりながら、ワーワー雑談。ワイ談まで登場しての時間は楽しかった。

「保育園なんか男の俺が恥ずかしくて行けるか」と言っていた建設会社勤務の父親が、新園建設時に保育園に建設委員会ができ、カミサンに「建設委員会だって。あなた、建設会社でしょ。なんかできるんじゃない」と勧められ、当初はおそらくイヤイヤの参加だったのが、そこでいろいろとアテにされたのでしょうか。後に「俺の三〇代の生き甲斐の一つは、新園建設だった」と父母会文集に記すステキなおやじもいました。一般に会社人間化され、同時に古い意識にもしばられ、自己変革がなかなか困難な父親が少なくないなか、こんな父親の劇的な人間的成長を目のあたりにし、そうした敬愛すべき父親たちと気さくに父母の会活動に参加しながら、僕の視野も広がっていきました。

保母さん（保育士という名称は男女平等の実現という視点から新たにつけられた名称でしょうが、平等ということと、性を中性化することとは別ではないでしょうか。保母・保父という呼称がすでに定着して、しかも親しまれていたのに、中性化した呼称保育士。それぞれの性の輝きをともなった平等という意味でここでは保母と使用します）には僕もお世話になりました。

ゼロ歳児クラスの仲間たちと

カミ先生との論争（?）――ノート三ページにわたってあーだこーだと「ベッチャリ」について書いて、たいへんにお世話になりましたね。本音で言い合える保育者との関係。保育者を信頼できるからこそでした。

アットリ先生は新任の保母さんでした。いつもお迎えにいくとさわやかに「お帰りなさ～い。きょうね、○○ちゃんたらこんなことをしたのよ」と、必ず子どもの一日のおもしろい出来事を伝えてくれる保母さん。僕もクラスのおやじたちも当然、すぐにファンになって、いそいそと保育園にお迎えにいったもの。だから、彼女が後に結婚して退職するときなどは、ダンナ候補を前にして「君と彼女とどちらが世のためになっているんだ。これだけ父親たちに愛されている人を連れていってしまうとは何ごとだ。君が名古屋に通いなさい」（ちょうど僕は京都から通っていたときなので）と説得（?･）したりするほどでした。

こんな経験が、後に学童保育所づくりにも生かされていったのだとあらためて思います。保育園というところが、何よりも、子どもの発達だけでなく、親の発達の時空間でもあるということに気づけたことはうれしいことでした。多様な職種の親たちが集うということ、それは自己の狭い世界を広げていくことでした。そして父親たちが集まるとそれぞれの仕事からいって、多様な専門家が集まるということです。得手不得手が生かされて、何かをつくりだしていく醍醐味。暁夫がゾウ組さんのときは父母の会会長になって、これまたワーワーやりました。

若いお父さん。どうぞ保育園へ出かけてください。若いお母さん。どうぞお父ちゃんをもっとアテにしてやってください。

しかし、あらためてふり返ってみると、どの親たちもたどるみちとはいえ、なんとすさまじい生活だったことよ。

「新しい型のヒモ」でありましたから、また幼い暁夫がかわいくて、子育ては基本的には楽しかったです。しかし、「モーレツ」なカミサンの仕事ぶり。温厚（?･）な僕が「だいたい母親が週に六日も夜あけるとは何事であるか！」と「！」までつけて書くような仕事ぶりでした。

そんな日々を乗り越えてこられたのは、いりなか保育園の保育者や親たちに包まれていたからでしょう。孤立化したなかでは、とても不可能なことでした。

暁夫より
親の心子知らず

いやいや「親の心子知らず」ですか。親のほうでは私に言えない苦労がかなりあったようで……。もっとも、私を抱いて愚痴ってはいたかもしれませんが、覚えておりませんので（覚えていたらむしろ怖い）。

最近は、親に時間的（わが家のような共働きは除く）、金銭的余裕が増え、核家族化、少子化の影響もあってか、子どもの養育に多くの時間と予算をつぎ込む親が増えてきているようです。ただ、親との結びつきが強すぎて、子どもが核家族のなかだけの存在となってしまうこともあるようです。核家族内部ではつながりが強くなるのに、核家族と外部環境とのつながりはむしろ希薄になってきているようです。そのことが良いか悪いかは私の判断するところではありませんが、うちの親は随分と外部の人に助けられたようです。もちろん私も。

「わが子がいじめられたことだけを覚えている」のはある意味しかたのないことだろうと思います。本人だって、自分が暴力を受けたことは鮮明に覚えていても、暴力をあたえたことはほとんど忘却の彼方ですから（暴力をあたえた後で自己嫌悪に陥ったことをむしろ鮮明に覚えています）。

この頃になると、私も人格形成が始まったようで、いろいろなことをしでかしているようです。もっとも、ほとんど記憶はないのですが。この頃の記録を読んでいてショックだったのは「一番のワルはアキチャン」という下りですね。赤子やレディばかりをいじめるなんて人間のクズやがな。私は温和な平和主義者で通っていたはずなのに……。

しかし「ワル」以外の部分は、かなり現在の人格に近いものがあります。「動くより絵本や歌が好き」「バス、鉄道好き」「ふらふらとどこかへ行ってしまう」という性癖は、現在も共通するものがあります。ある意味、私はこの頃から進歩が見られませんね。「三つ子の魂」ということばがありますが、私に関しては「一つ子の魂」といったほうが正しいでしょうか。

とくに、一歳一〇か月での「家出」は、すでにこの頃、私に行動パターンや信号の認識らしきものがあった可能性がみうけられて、おもしろいかもしれません（メンタルマップはまだなかったろうが)。記憶がないのが残念です。私に子どもが生まれたら、わざと「家出」させて実験を……やらないやらない。工事現場でバックホウを見ていたそうですが、私が「はたらくじどうしゃ」が好きになったのも、いま思うと、当時は家の周辺で工事ばかりしていたからなのかもしれませんね。

「日本車両」の工場跡地に建った団地に引っ越したのが運の尽きなのか、引っ越した頃から「鉄」(鉄道ファンのこと)への道を歩みはじめた私。私の一番古い記憶は新しい家に引っ越してきた日(もしくは下見の日)のものです。大体一歳一一か月くらいでしょうか。後に居間になる部屋が広くて驚いたことを覚えています。いりなか保育園に通うバスの出る牛巻のバス停前で時計屋のショウウィンドウの時計ばかり見ていたことも懐かしい思い出です。あのバス路線はすでに廃止されてしまいましたが。

やっと私の記憶がある所までできました。次の項からは親の書くことに対して、私の記憶に基づいた反論ができます。今まで好き勝手書いてきやがって、覚悟せいや。ふっふっふっ。

新幹線の中を走ってきました

いりなか保育園さようなら

七か月半で入所したいりなか保育園に、暁夫は二歳九か月でお別れすることに。ゾウ組では、男性保育者の「オニイチャン」の指導のもと、おとなしいユカチャンと散歩で手をつないだり、ユカチャンのために「アキチャンガ　サガシテアゲル」とでんでん虫をさがしてあげたりと友だち関係を深め、またショウチャンにたたかれたらたたき返したりとたくましくなってきていました。

それでも転園することにしたのは、私の大学が知多半島の美浜町に総合移転するため、通勤や保育所の送迎時間のことを考えれば、団地の中の保育所に変わるのが一番よいからです。そのことは転居するときから決めていて、親たちも保育者もみんな知っていることでしたが、なんと郁夫が念願の専任教員として京都の短大に就職することになり、保育所を変わるどころではない、わが家の生活を根底から見直さざるを得ない状況になってしまいました。

郁夫は何度か就職にチャレンジし失敗して「俺は世間に必要とされていないんだ」なんてくすぶっていたときもありましたが、今回のは大学時代の恩師からのお話で「男のロマンだ。京都へ行かせてくれ～」と就職することに決めました。愛知県に就職があればそれにこしたことはありませんが、なかなかそうもいかないので「就職できるならそれでいいやん」と私もかんたんにOKしてしまいました。ゼロ歳のときは家で暁夫を保育してがんばったお父さんだし、二年あまりのいりなか保育園の生活で、父母同士の助け合いの意味や良さを実感していたので、「何とかなるさ」と楽観できたからです。でも、夜の仕事を減らさなくてはいけませんよね。少しずつ新しい暮らしに向けて準備開始。

団地内の保育所は名古屋市の公立保育所で、団地ができた年の五月に開所しました。新設園なので子どもが少なく、入所するのにはそうたいへんではなさそう。福祉事務所に転園の申し込みをして、一二月には面接を受けました。名古屋市の公立保育所は当時延長保育を実施しておらず、朝八時から夕方六時までの保育ということに名目上なっていました。実際は特例で、朝七時半から夕方六時半までは、正規保育士はいないけれど園はあいているということで、パートさんがみてくれることになっていましたが、そういう事情は一般の市民は知りません。私は、いりなか保育園に通わせていたので、公立保育所の情報も知っていたため、面接のときに「朝一時限目があるときは八時四分発の急行に乗らないと間に合わないので七時五〇分から預かってほしい」こと、「土曜日も講演や特別講義（短大では当時土曜日に特別講義が行われていた）があるため六時まで保育してほしい」ことを希望しました。「園長先生と相談してください」という担当者の回答だったので、まあなんとかなるかなという感じでした。

　そこで暁夫にも一月くらいから「四月になったらお父ちゃんがいなくなるんだよ」「アキは四月になったら新しい保育園に変わるんだよ」と教えました。最初は「イヤダ　ホイクエン　カワラナイ　イリナカホイクエンガ　イイヨー」とくり返していましたが、チビタの散歩の際に保育園を見にいったり、わが家にあそびにくる同じ棟のシンチャンが通っている保育園だということや、やはりあそびにくるタックンも四月から一緒の保育園になることがわかってきたら、段々と新しい保育園に行く気持ちになりはじめました。

　そしていりなか保育園の卒園式の日、園長先生に「アキチャンはどこの保育園に行くの？」と問われて、参列者の前で「ジングーヒガシホイクエン」としっかりと答え、カミテンテーやオニイチャンから「アキチャンすごかったね、ちゃんと言えたね」とほめてもらい得意顔でした。いりなか保育園さようなら、神宮東保育園こんにちは。そして父さんのいない半別居生活こんにちは。

ほんとうにたくさんの人の手を借りました

通勤時間がぐんと延びて一時間以上かかるようになったこと、お父さんがいないので保育所の送迎を私がしなくてはいけないことなどから、大学の仕事を少し軽減してもらうことにしました。講義やゼミはまったく減りませんが、暁夫が生まれてから二年間就いていた教務委員はおりて、実習担当にしてもらいました。会議の回数が全然違うからです。そして「だんながいいひんから……」と厚かましくも、会議なども早引きできるときは早引きしたりしました。幸い勤務先が保育科だということもあって、同僚の皆さんは親切なので助かりますし、暁夫をよく大学に連れて行っていたせいもあって、職員の方もふくめ暁夫のこともわが夫のこともよく知っていてくれるので、おおめに見てもらえました。

でも、それでもたいへんなときはたいへん。何がたいへんかというと、暁夫が病気のときの体制と、私が泊まりの仕事のときの体制、そして夜の仕事やお迎えが間に合わないときの体制です。保育時間は朝七時五〇分から六時。夕方六時に間に合わないときは、名鉄ダイヤの関係で六時半も無理だったので六時ということにして、ご近所の方の力をお借りすることにしました。土曜日は三時半以降保育を受けるのは暁夫だけなので、なるべく仕事を調整して月二回は五時半まで、月二回は三時半までということにしてもらいました。

ほとんどの家庭が土曜日でも六時ぎりぎりまで保育を受けていたいりなか保育園とは随分と違っています。自営業やパートの人が多く、フルタイムの母親が少ない保育園なので仕方がありません。

郁夫は基本的には土曜日の夜に帰ってきて火曜日の朝に出ていくのですが、私の教授会が木曜日にありどうしてもお迎えに間に合わないため、木曜日は極力帰ってきてくれることになっていました。京都での下宿代や生活費、そして週に二回もの新幹線の往復料金というふうで、郁夫の給与はほとんど残りませんでした。それでも正規の教員として学生の教育に責任がもてるという喜びには勝てません。わが家の家計は私が支えるというスタイルはけっきょく変わらず。愛知に職場が変わった現在もそれは変わらず。郁夫はわが家の家計に一銭も給与は入れていません。それでもまったく困らないほど私の稼ぎが良い、というよりは稼ぎのわりに支出しないわが家の家計構造のため何も問題はありません。もちろんそんななかで分譲マンションのローンも完済してしまいました。ちょっと変わった共働きですよね。

暁夫は「ジングウヒガシホイクエン　ニ　イカナイ　イリナカホイクエンガ　イイ」と一週間ほどごねていましたが、「アヤチャン　カワイイヨ」とお友だちが好きになったら意気揚々と通園するようになりました。

子どもの側はたくましくなってきても、夫婦で協力してもどうにもならないことも……。暁夫は団地に引っ越してから気管支炎によくかかるようになっていました。一日中団地内ですごすようになったら、喘息様気管支炎になってしまいました。多分に体質的なものもあるようですが、当時大気汚染による公害地域に指定されていたわが学区のせいもあるようです。保育園の帰りに医者に寄ることも多い毎日でした。

発熱や咳の発作が続いても、私が休めるときは良いのですが、講演だったりして休めないときは、お父さんに京都からわざわざ帰ってきてもらったり、夫の両親にわが家へきてもらって看病してもらったりしました。夫の両親は七〇代にさしかかっていましたが、一番幼い孫である暁夫をとてもかわいがってくれて、私が泊まりの仕事のときにはわが家に泊まってくれたりもしました。でも私が帰宅すると「オジーチャン　オバーチャン　モウカエッテイイヨ」と現金な暁夫でした。四歳児クラスの一一月には背中のほくろをとる手術をしました。そのときは急ぎではなかったので、夫婦の大学祭による休講も活用し、祖父母の応援も得て乗り切りました。抜糸は私たちが休めない日だったので祖父母に行ってもらいましたが、病院からバス停で五つ分の道のりを「アルクレンシューシナクチャ」と祖父母を引き連れて歩いて帰ったとか。おじいちゃん、おばあちゃん、ほんとうにご苦労さま。五歳児クラスの二月には一週間入院しましたが、そのときは完全看護だったのと暁夫自身が大きくなっていたのとで、小学生と一緒の入院生活をそれなりに楽しんでくれ、私たちは助けられました。

また、私が関西方面に出張するときは新幹線で大阪の私の母の所へ行って泊めてもらうということもしました。暁夫は二歳児クラスの冬にははじめて一人で大阪に三泊し、いとこのカークンとおじいちゃんに遊園地に連れていってもらったりして、たくましくなりました。何しろ汽車大好きな暁夫なので、新幹線に乗れることや、梅小路蒸気機関車館についでに行けることなどで、お母さんがいなくてもうれしい小旅行でした。夏休みは夫婦ともに、研究集会や学生の合宿などで泊まりが続くことも。そのときは滋賀の妹の家に泊めてもらいました。高校の教師をしている姉も夏休みのため、いとこのカークンと一緒にプールへ行ったり、私の父に連れられて山登りをしたり、ハイキングをしたりと田舎暮らしを満喫してくれていました。二週間近く泊めてもらい、その間に真っ黒に日焼けし、たくましくなって、カークンとの仲を深めていました。もちろんときには私にくっついてゼミ合宿に参加しました。学生の学習を妨げているばかりでしたが、往復に特急や急行に乗れるのがうれしくて、「オカーチャント　イクー」と主張するくらいでした。

こうした特別なときはもちろんですが、日々の生活のなかでは、とくにお迎えについてはたくさんの方にご協力いただきました。保育所のパートのおばちゃんにはほんとうにお世話になりました。名鉄で通勤を開始した頃、なぜか名鉄がストップするということが続きました。その当時は名鉄のなかに公衆電話がなく、もちろん携帯電話などない時代でしたから、乗っている途中でストップしても保育園に連絡のしようがありません。「早く動かんかい！」と念力をかけても動かないときはほんとうに焦りました。駅に着いてからとにかく走って保育園に「ごめんなさい、特急が途中で止まっちゃって」と息せき切って飛び込むと、「そんなにあわてなくてもいいよ、事情があるんだから」といつも受け止めてくれました。一度は線路近くで火事があり、名鉄が全面ストップしたので、学生に頼んで車で送ってもらったら、火事の関係で道路も通れずうんと遠回りしなくてはならなくなりました。途中で六時がきてどうにも間に合わないので、道路沿いの公衆電話ボックスに飛び込んで事情を話したら、「ゆっくりおいで、あわてて事故にでもなったらたいへんだから」と。郁夫も新幹線に乗り遅れてお迎えに間に合わなかったときがあり、そういうときは新幹線のなかから「いま、新幹線の中を走って急いでいます」なんて電話しておばちゃんを喜ばしていました。

土曜日の三時半以降の保育でも、たった一人の暁夫のために保育士とパートさんと二人で手厚い保育をしてくれ、暁夫は「土曜日はおもしろいよ、クローバーをつみに行ったんだよ」「おばちゃんときよめもちを食べに行ったよ」と楽しみにしていました。保育所にお迎えにいったときもパートのおばちゃんが暖かく迎えてくれ、わが家よりもお迎えの遅いマリチャンのお母さんがくるまで、おばちゃんとおしゃべりしたり、私が大学でもらったお菓子を四人で食べたりしました。いりなか保育園では保母さんたちと一緒に食べたり飲んだりする機会が多かったのですが、公立保育所では父母と保育士が個人的にしゃべったり食べたりする機会はなく、何となく他人行儀な感じがしていたなかでは、パートのおばちゃんが一番話しやすい存在でした。

それに長時間保育を受けていると、担任と会える機会は、担任が遅番のときくらいですが、パートのおばちゃんは毎日顔を合わせるのですから仲良くなって当然。お互いに「内緒だよ」と言いつつプレゼント交換したりもしました。おばちゃんはその後も一〇年以上勤め続け、定年で辞めるときには、わが家でマリチャンのお母さんもふくめてささやかなお祝いをしました。そのとき「土曜日の保育のときにアキチャンと二人で喫茶店に行ったこともあるよ。内緒だよって約束したけど……」とおばちゃんが言っていましたが、暁夫は約束を守って私たちには内緒にしていました。暁夫をかわいがってくれてありがとう。

そしてお世話になったのは近所の方たち。とくにお隣にはいっぱいいっぱいお世話になりました。お隣は小学生の姉弟がいるのですが、暁夫は優しいお姉ちゃんが好き。お姉ちゃんがトランペットやピアノを演奏してくれるのを喜んで聞いていました。三歳児クラスでは私の帰りが遅いとき、何度もお迎えにいっていただきました。多いときは週に二回もお願いしたこともありました。おじいちゃんがお迎えにいってくれるのですが、晩御飯も御馳走になり、ときには「トマッテクー」とわがままを言ったりしました。わが家が旅行に行くときにはチビタの面倒まで見てくださり、ほんとうに良いお隣さんがもてて幸せです。

でも、おじいちゃんにはわるいこともしてしまいました。私が講演に出かけたときでした。帰りに主催者が車でターミナルまで送ってくださったのですが、渋滞に巻き込まれどうしても六時には間に合いそうになく、仕方なく駅でお隣と保育園に電話しておじいちゃんにお迎えにいっていただきました。ところが三歳になったばかりの暁夫は「オジーチャンジャナイ　オジーチャンハ　ヤダー」と保育園の柱にしがみつき泣き叫び、それをおじいちゃんが抱いて連れて帰ってくれたのです。毎朝暁夫には「今日はお父さんがお迎えだよ」とか「今日はお母さんが五時半にお迎えだよ」「今日はお隣のおじいちゃんが四時にお迎えしてくれるよ」と告げていたので、今日はお母さんのお迎えだと心に決めていたのです。それなのにおじいちゃんがきたから納得できなかったのでしょう。ただただ悪いのは私。暁夫でもおじいちゃんでもありません。ほんとうにごめんなさい。

翌朝、暁夫は「ホイクエンイカナイ」とごねました。「昨日はごめんね。今日はお母さんのお迎えだから」と言っても、「イカナイ」と言うので、「お母さん、お仕事だからね。大学の学生さんたちが近藤先生まだかな？って待ってるから」と説得したら、「フクシダイガクノ　ガクセイハ　ミナ　シネバイイ」と過激な(?)発言をしていました。それくらい怒れたということなのですよね。「それじゃあ、なんでおじいちゃんのとこはいやなの？」と尋ねたら、「お兄ちゃんが怖いテレビを見るから」と言うので、「『怖いテレビは見ないで』ってお手紙を書いて持っていこうか」と二人で手紙らしきものを作りお隣に持っていきました。保育園への途上「でもお母ちゃんが遅いとき、保育園にお迎えにきてくれる人がいないと困るよね、誰だったらいいの？」とさらに聞くと「マリチャンノ　オカアチャンナライイ」と、いつも最後まで一緒にいるお友だちが良いとのことなので、それからはマリチャンのお母さんにもお迎えを頼むようにしました。でも、その後も随分とお隣にお迎えにいっていただいたのですが……。

そして、その後小学校一年生までしょっちゅう泊めてもらったのが同じクラスのマリチャンち。三つ年上のお兄ちゃんがいるので、二歳児クラスのときはお兄ちゃんは年長さんで保育園全体のリーダー。あこがれの存在でした。保育所へお迎えにいっておばちゃんとおしゃべりをしていると六時一五分にマリチャンのお母さんがお迎えにきます。家も近いので一緒に帰ることになったら「家で一緒に食べない？」ということになり、五人でワイワイと夕食。二人だけのときより賑やかだし、子どもたちもあそび相手がいて楽しいしで、それ以来機会さえあれば一緒に食事をすることになりました。それを知らずに帰宅したお父さんが二人がいないので、「アキとお母ちゃんに捨てられたー」とすねることもあったくらいです。マリチャンちで食べるときもあればわが家で食べるときもあり、そんななかで私が遅い日にはマリチャンちで食事を食べ、お風呂も入れてもらったりするようになり、マリチャンのお母さんが残業のときはマリチャンが、わが家で食事しお風呂に入るようになりました。

大阪のおばあちゃんちに一人で泊まって自信をつけた暁夫は、三歳児クラスになってからは「マリチャンチ　デ　トマル」と泊めてもらうようにもなりました。翌朝お迎えにいくとマリチャンと抱き合っていたりして……。家でもマリチャンと手をつないで寝ている絵を描いたりするようになり、午睡時にも二人で抱き合って寝たりと特別な仲に。でも暁夫はマリチャン以上にお兄ちゃんとお風呂に入ったりするのがうれしそう。お兄ちゃんも暁夫を「アキオクンハ　モノシリダシ　カワイイネ」とかわいがってくれ、ときにはマリチャンがやきもちを焼くくらいでした。頻繁なときは二日とあけずにマリチャンちに上がり込んでいました。マリチャンも「アキチャンチニ　トマル」と挑戦しましたが一人では不安で、夜中に泣きだし家に送っていったりもしました。でも、単にお迎えのためというだけでなく、暁夫にとっては仲良しのお友だちやお兄ちゃんができた貴重な体験。そして私にとってはありがたい隣人ができたとともに、私が預かってあげることもできる仲間ができたことがうれしいことでした。

お迎えを頼んだわけではないけれど、早いお迎えのときは、近所の子どもたちが暁夫を支えてくれました。いりなか保育園とは違い、近所の子どもたちが通う保育所なので、休みの日や早くお迎えにいけた日には、近所の保育園児たちとあそぶことができます。大体は、わが家に子どもたちがあそびにくるパターンで、暁夫があそびに行くのはお隣とシンチャンちとマリチャンち。一度マナブ君のお家にも行きましたが、みんながテレビを見はじめたら、テレビの戦闘シーンが嫌いな暁夫が泣きだし、緊急電話がかかったりしました。暁夫が行く家は怖いテレビをあまり見ない家。あそびにくる子はさまざま。わが家は一階にあるので出入りしやすく、たくさんの子どもたちがやってきます。とくに暁夫のクラスメイトのタックンとそのお兄ちゃんのアキト君は家が近いのでしょっちゅうやってきます。この兄弟には暁夫はただひたすら鍛えられました。兄弟げんかをしなれている二人に対して、一人っ子の暁夫はけんかなんて滅多にないこと。たいせつにしている段ボール箱の家をこわすので「ダメダヨー」と叫んでやっつけにいっても反対に押さえ込まれたりして、悔しくて吐いてしまったことも（二歳一〇か月）。でも、日々あそんでいるうちに「親友」と呼び合う仲になっていきました。こうした近所の友だち関係が小学校に入学後の学童保育所での関係にも引き継がれていったのです。

もちろん、私にくっついていろいろな会合にも出ています。夜の会議は極力減らしたのですが、それでも暁夫を連れて週に一、二回は会合に参加しています。大体は会場が保育所なので暁夫は家や保育園にない絵本を捜し出しては読んで楽しんでいてくれましたが、名古屋市交渉のような場にも参加しました。そんなときもお気に入りの本を読んで静かにしていてくれました。ありがとね。日曜日も私は仕事のことが多かったのですが、お父さんは仕事の舞台が京都になったこともあって、名古屋に帰ってきた日曜日は比較的余裕があり、動物園に行ったり、名古屋港に船を見に行ったりして、私についてくるのは障害児関係のクリスマス会やお花見のようなお楽しみ行事くらいになりました。三歳五か月になると夜少しの時間なら「オルスバン　スル」とも言うようになりました。でもこのときは四〇分ほどで淋しくなって外に出てうろついているときにシンチャンのお母さんに出会い、「オカアサンマリチャンチ　ニ　イッチャヤッタ」と言ったそうで、マリチャンちに電話があり、とんで帰りました。少しずつ母から離れていられるようになってきたのです。甘えん坊で「オカアチャン　ダイスキ　オトーチャンハ　チョットスキ」なんてお父さんを悲しませているのにね。暁夫の成長の恩恵も受けての私の生活です。

そして私は学生にも随分と助けられました。わが家の状況を知っている学生たちは、暁夫をとてもかわいがってくれました。コンパには大体いつも暁夫連れ。だから暁夫が参加できるような会場を用意してくれました。名古屋市内ですると大学のある美浜からだと交通費がかかるのですが、それでも名古屋市内で開いてくれました。また冬休みなどは大学でクリスマスパーティを開いて、暁夫にも手作りのプレゼントをくれました。だから私は大学祭などの企画には暁夫を連れて参加し、学生の心遣いにささやかなお返しをしていました。三歳児クラスの一一月には大学祭の劇に出演し、「マルコメ一号」（坊主頭がかわいい）に扮して「直子ウーマン」と一緒に悪いおおかみをやっつけ、拍手喝采を浴びました。学生たちには保育所の父母会のときの託児アルバイトも頼みました。企画終了後わが家にあそびにきては暁夫とあそんでくれ、お母さんの学生さんは優しい学生さんだと暁夫は思うようになり、母の仕事への理解を深めてくれました。

暁夫の旅

暁夫はこんな夫婦の子どもなので、幼いうちから、いろいろな人の家に泊まる生活をするはめになりましたが、それだけでなく、一歳二か月で父母とともに短大生の合宿に参加したり、私の教え子の結納の儀につきあったり結婚式に臨席したり、卒業生の同窓会旅行に参加したりとまあ、ほんとうにいろいろな所に出かけています。
泊まった先はマリチャンち、両方の祖父母の家はもちろん、滋賀の妹の家（後には姉も滋賀に転居）、そして合宿や旅行では就学前の子どもだというのに数えきれないほど。合宿では綾戸、高山、白馬、蓼科、妙高、内海、鳳来寺山。同窓会旅行では倉敷、箱根、京都。結婚式で出かけたのは大津、奈良、東京。その他わが家の旅行などでは鹿児島、福岡、沖縄、宮崎、和歌山、鳥羽、伊良湖、ドイツ、グアムというふうです。特急列車に凝っていた暁夫にとっては、大好きな特急に乗れたり、特急を見ることができるというだけでうれしかったようです。

私たちの職業では夏休みと春休みが比較的ゆとりがあります。最近は大学も生き残りをかけるということで、夏休みは入試説明会が何回も開かれたり、春休みは入試のかきいれどきだったりして、休める条件はなくなってしまいましたが、一〇年前くらいまではまだのんびりしていました。だから、休みのとりやすい夏と春は遠出の季節。小・中学校が春休みに入る前の時期が、定期試験の採点もなく、学外の仕事も少ない穴場の時期なので、保育所時代は暁夫を連れて出歩いていました。

二歳児クラスの春休みには飛行機で鹿児島に飛び、その後福岡に移動しブルートレインの「さくら」で帰ってくるという暁夫にとっては至上の喜びという旅行をしました。このときは「さくら」の二階席で「コーフン　コーフン」と叫んでいました。三歳児クラスの春休みには、特急を卒業しはじめ、次に関心をもちはじめていた「へび」を見るために沖縄に行きました。ハブのショーを見たり海中公園へ行ったりして、そこで魚に関心をもち、四歳児クラスの春休みには魚を見に和歌山に旅行しました。親馬鹿としか言えませんね。魚に凝ったら魚釣りにも関心が出て「釣りキチ三平」をテレビで見たりするとともに、団地のなかで友だちと一緒に虫探しをするようになりました。カミキリムシがたくさんいるので甲虫類に関心が向くようになり、保育園の四歳児クラスでは「さかな天才こんちゅう博士」と呼ばれはじめました。お父さんは京都でカナブンやクワガタムシを捕まえて新幹線で運んでくれ、暁夫の虫好きはますますこうじ、図書館で虫の本をあさってきては読まされるようになりました。

もともと凝り性なのに、それに親が輪をかけさせているようなもの。「暁夫君は本の虫」とか、「一人でぼーっとしているので『何しているの?』とたずねると『カンガエテルノ』と答えました」「遊戯室の隅でひとりでじっとしていたのに、皆が片づけはじめたら『キヨウハ　オモシロカッタ』と言うので『何が面白かったの?』とたずねたら『ミンナガアソンデイルノヲ　ミルノハ　オモシロイナ』ですって」などと保育者を心配させ、もっとからだを使って皆とあそんでほしいと保育者が思っているのに、それに反するようなことをしている私たち。とはいえ、お友だちもたくさんわが家にあそびにきてくれるし、仲間で何かするおもしろさも体験してきているので、家族だけで楽しむときくらいは暁夫のほんとうに好きなことにつきあいたかったからです。そして暁夫の「ナゼ?」攻撃に答えるためにいろいろな本を借りてきて読むのが私たち自身とてもおもしろかったのです。知らなかったことを知るというのは、私たちのような商売の者にとっては何といっても魅力的。私たちもいっぱしの甲虫博士になりました。

ドイツとグアムはおまけ。ドイツはちょうど私の妹が留学中で、四歳児クラスの夏休みに家族全員であそびに行くことになったからです。カークンや私の両親も一緒。帰ってきてからしばらくは「グーテン　ターク」とか「ダンケシェーン」などのドイツ語を保育園で流行らしていました。グアムは私の職場の職場旅行で五歳児クラスの夏休みに行きました。澄んだ海で魚や大きななまこを見てきました。こちらは日本語が通じたので英語は覚える機会がありませんでした。

ともかくこんなにいろいろな所に出かけたことが、五歳児クラスでは地図への関心にもつながっていきます。現在暁夫が大学で地理学を専攻しているのは、こうした幼児体験が底に流れているためかもしれませんね。

でも、保育園ではみんなと一緒に運動会の練習をがんばったり、縦割り保育のときは小さい子どもの面倒をみたり、生活発表会では芸達者のところを見せたりしながら、卒園前には「センセイト　ワカレルノハ　サビシイナ」と保育園大好きになっていました。先生方のおかげです。ほんとうにありがとうございました。卒園文集には「大人になったらマラソン選手になる」なんて、運動嫌いの暁夫にはとてもありえないようなことが書いてありました。でも、そういう夢が保育園っ子らしいのかな？

郁夫より
懐かしの地、京都へ

　暁夫は神宮東保育園に転園。僕も京都の芸術系の短大に就職することになりました。「新しい型のヒモ」をめざしてはいたのですが、専任で勤務できることはやはりうれしいこと。僕が京都へ通うことになれば、カミサンの負担が増えるのは目に見えていたのだけれど、やはり専任として勤務したい。「すまぬ。男のロマン(?)じゃ。苦労をさらにかけるけれど行かしてくれ」。カミサンは快く僕のわがまま(?)をきいてくれました。

　しかし、名目は一人前の勤務者で、そう見えますが、実質は引き続き「新しい型のヒモ」を深化させていくことにかわりはありません。これは愛知に勤務している今もそう。だから、この住宅の名義はカミサンの名義。「出ていけ」といわれたら出ていかなければなりません。

さて新たに勤務する大学は僕たちの青春、あの新婚の地、北白川にありました。北白川の下宿、懐かしい横町の風呂屋、学生食堂。気分はあの頃のまま。

同僚の芸術家諸氏もおもしろい人が多く、また貧困な教育・研究条件を改善していきたいと志を同じくする一般教育担当の教員諸氏とも意気投合し、同時に、この時代、金儲けと無縁の「絵を描きたい」という思いで親とけんかしてきた学生諸君はかわいく、自由な風土のなか、半分独身の再度の「気分は学生」の生活の日々は、これまた楽しい日々でした。内緒ですが、宿直のおじさんや職員・教員有志で大学の宿直室に泊まり込み、将棋大会をしていたこともありました。

火曜日の早朝、家を出て、水曜日の遅く帰宅。金曜日の早朝出勤、土曜日の遅く帰宅と、名古屋と京都の間を週二回も往復する日々となりました。

会議が長引いて新幹線に乗り遅れたことも。お迎えに間に合わなくなり、「今、新幹線の中を走っています」と電話したこともありました。

大学へは名古屋からは早朝新幹線とバスで出勤、下宿からは早朝、北白川バプテスト病院の横から歴史ある山道に入り、白幽子や富岡鉄斎やもっと昔には野武士が通った細道を通って、比叡山麓・瓜生山一帯を歩き回って、瓜生山頂で京都の街をながめて朝食をいただいてから、大学へと出勤しました。この山麓放浪もワクワクするひととき。秘密のクヌギの大木もありました。一歩入れば深山幽谷。落ち葉を踏みしめて彷徨う快感——このときの経験が、やがて鈴鹿山脈の御池岳彷徨につながっているんですね。

暁夫はぐんぐんと興味関心を広げ、絵本を一緒に読むということは、僕の再学習でもありました。昆虫、鳥、魚、石など、僕たちのまわりにあるものは本来不思議不思議なのです。だけど、そんな不思議を不思議と思わなくなって「常識」に縛られていくのが、大きくなることかな、と絵本を一緒に読みながら気づいたことでした。

暁夫より
大人になったらマラソン選手になる（?）

二年ちょっといたいりなか保育園の記憶はほとんど私にはありません。生家に至ってはまったく覚えていないので「記憶のうえでの」私の人生は、神宮東パークハイツと神宮東保育園から始まります。このあたりからは記憶があるので、基本的には直ちゃんや郁ちゃんの文章をもとに私の見解（注釈？）をつける形で書いていきたいと思います。

〈郁ちゃんの就職〉

親父が就職したのは私が二歳の春のことでした。直ちゃんの職場移転をふくめ両親は生活形態が激変するので、いろいろ苦労したようですが、私にとっては、物心ついた頃から郁ちゃんは京都で半別居、直ちゃんは美浜という生活スタイルが普通で、とくにたいへんだとか感じたことはありませんでした。そのような生活スタイルしか知りませんでしたからね。親父が就職したのは三五歳。散々親父を馬鹿にしてきた手前、私は三四歳までには就職しよっと。

〈神宮東保育園について〉

はじめの頃は行くのをぐずっていたようですね。新しい環境になかなか適応できないのは現在も同じですが。しかし、好きな女の子ができたら（しかも一週間で。ちょっと早いんじゃない？）行くようになったとは、なかなか軟派なところもあったようで。一応これが私の初恋ということになるのでしょうか。かなりのおませさんですね。しかも半年もすると今度はマリに乗り換えてしまい、今では初恋の子の顔も覚えていません。この頃の私はかなりのプレイボーイだったようですね。その反動で、小学校に行く頃から早くも枯れはじめたという話もあるのですが……。

保育園ではたくさんの先生方にお世話になりました。怖い話が得意な先生（「バタリアン」がとくに怖かった）や、マジシャンの先生（子ども心に尊敬していました）のことは、インパクトが強烈だったのかよく覚えています（名前は忘れてしまいましたけど）。なかでも、年少から年長まで担任していただいた河合先生と、とくにかわいがってくださった梅村のおばちゃんには感謝しています。おばちゃんとはよく熱田神宮などを散歩しました。私の小学校の入学式にはブレザーをプレゼントしていただいたそうで、他人の子にそこまでしていただけるとは。私はたいへんな幸せ者です。お元気にしていらっしゃるでしょうか。

「友だち」ができたのも神宮東保育園からですが（いりなかのことは覚えていませんので）、多くの人とは小学校区が違い、卒園とともに別れてしまいましたが、思えばみんなもう二十歳になるんですよね。みんなどんなおとなになっているんだろう。

神宮東保育園は、用地がなかったのか、ビルの陰で日当たりが悪く、ビル風で園庭はよく砂塵が舞っていました。冬は、日当たりの悪さと風の強さでとくに寒かったです。今思うと、あまりよい環境ではありませんでしたが、当時はそんなことは関係なしにあそんでいました。「子どもは風の子」ですか。一二月までは半そでで半ズボンで通して、年末になると寒さのために風邪をひいて、それから長そでに衣替えをするというパターンを毎年くり返していました。

保育園に限らず、団地周辺は空気が悪く（とくにわが家の前は工場、親父は「鼻毛がのび～る」とよく言っていた）、団地の子どもには喘息持ちが多くいました。喘息の発作で亡くなった子もいます。もともと体の強いほうではなかった私も喘息にかかってしまいました。その後、同じく鼻もやられ、近眼にもなってしまったので、現在顔の器官で人並みなのは耳と口だけです（口に関しては「滑りすぎ」という声もあるのですが）。以来、喘息とはお友だちになってしまいました。今は京都の山の中に下宿しているのですが、下宿で平気でも、実家に帰ると必ず喘息の発作を起こしてしまい、「やっぱり空気が汚いんだな」と思います。「安達太良山の空が私の空だ」と言ったのは智恵子ですが、私の空は名古屋の煤けた空でしょうか。先日（二〇〇〇年一一月二七日）「名古屋あおぞら裁判」で、住民勝訴の判決が出ました。多少とも現実を知る者としてうれしく思います。

〈趣味の話〉

自動車（とくに工事用車輌や消防自動車などの「はたらくじどうしゃ」）から鉄道へと進んできた私の趣味も、神宮東保育園時代に、より広く、より深く、よりマニアックに発展をみせるようになりました。

まず二歳のときには、国鉄特急のエンブレムを総て覚えました。ひらがなもろくに読めない頃に、「富士」などの難しいエンブレムをどうやって認識したのでしょうか。不思議です。実際、現在「鉄」で通っている私の鉄道知識のほとんどが、この頃に蓄積されたものですので、恐るべき入れ込みようだったのでしょうね。この労力を英語にでも使っていたら、今頃は……とは言いますまい。私は、親が早期教育うんぬん言うような人間ではなく、基本的に生のままに育ててくれたことに感謝していますから。

国鉄特急にはとくに興味があったためか、私は国鉄にはかなりの愛着がありました。ですから、国鉄が民有化されると聞いたときは泣きました。総理大臣（当時）の中曾根さんが民有化の中心人物だと聞いて恨みましたね。思えば、それがきっかけで自民党が嫌いになったんですかね。マニアは怖いのう。

三歳のはじめの頃はヘビ、とくにアナコンダに凝っていました。なんでこんなものに興味を示したのかは甚だ不思議なところですが、思うところ「アナコンダ」という響きが気に入ったのではないかと思います。「アナコンダ」――なんとなく「アジャコング」みたいで、好奇心と興奮をそそる響きだと思いませんか？　思いませんか、やっぱり。それはともかく、ヘビに凝っている私を見て親が「沖縄にハブ見にいかへん？」と沖縄へ連れて行ってくれました。今思うと随分変わった親ですよね。沖縄では、ハブのことよりも、頭上を飛ぶ米軍の戦闘機が怖かったことをむしろ鮮明に覚えています。

沖縄の海中公園で見た「オジサン」という魚を私はたいへんに気に入り、私の興味は急速に魚類へとシフトしていきました。魚釣りにも何度か行きました。ただ、釣り糸をたれたままじっと待っているということが、三歳児にはつらかったのか、あまり長続きはしませんでした。串本の海中公園にも行きました。特急「南紀」は遅かった。三歳頃は、ヘビや魚をはじめとするセキツイ動物全般が興味の中心でした。学研の図鑑がボロボロになるまで読んだものです。思えば、この頃から変わっていないなあ。

電車（一〇メートル以上）↓アナコンダ（九メートル）↓魚（一メートルくらい）↓昆虫（五センチくらい）と大きく見ると、私には大きいものから次第に小さいものに興味が移る傾向があるようで、四歳頃の私の興味は、もっぱら昆虫、とくにクワガタムシを中心とした甲虫類に集中していました。きっかけは団地の中でヒラタクワガタ（愛称ヒラチャン）を拾ったこと。緑もろくにない団地でしたから、どこかの家で飼っていたものが逃げ出したのでしょうが。ヒラチャンを飼いだしてからというもの、すっかり虫が好きになり、クワガタムシ、カブトムシ、テントウムシ、カミキリムシと、手当たり次第に収集しました。とくに、ゴマダラカミキリはなぜか団地に大量にいたので、七〇匹以上採集しました。もっとも、私が乱獲したせいか、翌年からはあまり見かけなくなってしまいましたが。オオクワガタにあこがれ、小学校四年のときは、山梨県にクワガタ探しツアーにも行きました。けっきょく現在までオオクワガタにはめぐり会えぬままですが。

ただ、大きくなるにしたがって、「虫好き」から「虫殺し好き」へと変貌していったのは問題があったかもしれませんね。アリの巣に水を入れて全滅させたり、アリの踏みつぶした数を競うジェノサイドごっこをやったり……むむむ、若さの暴走、コワイコワイ。

旅行もいろいろなところに行きました。ドイツはとくによく覚えています。帰国後、ドイツ語を得意になって使っていたら、かかりつけのお医者さんのほうがドイツ語が上手でショックを受けたものです（今考えると医者がドイツ語が上手なのは当たり前ですね）。その後も何度かドイツへ行き、すっかり「ドイツ野郎」になりました（ただし、ドイツの中華料理のまずさにはまいった）。ドイツといえば近代地理学発祥の地、というからかわかりませんが、現在私は大学で地理学を専攻しております。この頃からすでに「鉄」と「旅行好き」「高いところが好き」という地理マニアの三大特徴を備えていた私にとっては、この道に進んだのはある意味当然なのかもしれません。

どちらかというと内向的で、からだを動かすよりも、身の回りのものを「見る」「観察する」ことが好きな子どもでした。ですから、外であそぶよりも、自動車や電車、魚、虫、地図などをじっと見ているほうが楽しかったですね。「外であそびたくない」と言って河合先生に怒られたりもしたものです。卒園文集に「大人になったらマラソン選手になる」と書いたのは、もしかして「観察者」からの脱皮を目指していたのでしょうか。けっきょく「マラソン選手」からは最も遠いタイプのおとなになってしまいましたが。

でも、電車や昆虫を見ているのも楽しいのですが、一番楽しかったのは人間を「見る」

「観察」することでした。だから「ミンナガ　アソンデイルノヲ　ミルノハ　オモシロイナ」なわけですね。ヘビや魚への興味から始まって、私は昔から理科が好きでしたが、現在、どっぷりと自然科学に漬かるのでなく、人間と外部環境の関わりを軸に、人文、自然の両分野にまたがる地理学（とくに自然地理学）を専攻している理由も「人間が一番おもしろい」、ひいては「人間が好き」なところにあるのかもしれません。

保育運動がんばる

保育園に父母の会をつくったよ

いりなか保育園時代、お父さんは「保育園は第二の大学」と保育運動のおもしろさ、とくにお父ちゃん連中のがんばりに励まされ、仕事以外の場での仲間づくりの意義を「地域生活指導運動」という自分の専門にも引きつけて深めつつありました。職場が京都になってからは保育運動とは疎遠に。その代わり今度は私が保育運動に関わることに。

神宮東保育園に入園が決まった三月。私はあるお母さんの訪問を受けました。「今年、新設されたばかりの園なので、父母の会を作ろうと思ったのだけどうまくいかなくて。今度、近藤さんが入園してくると聞いたので、ぜひ父母の会を作ってほしい」ということでした。えっ！　そんなに頼りにされても……。まだどんな保育園かよくわからないし、職場も移転して新しい生活が始まるのにと思いつつも、頼られるとつい「よっしゃ」と胸をたたいてしまうのが私の欠点。父母の会づくりに向けて心ひそかに準備を開始しました。

四月の入所式。いりなか保育園では園児の名前と住所、父母の職場まで明記された名簿が配られていたのですが、今度の園では名簿がありません。なんでや？　最近は名簿を宣伝販売などに悪用する業者も多いため、プライバシー保護という名目で小学校でも名簿が配付されないようになりはじめているようです。でも名簿がなければ父母会づくりの働きかけさえできません。それに名簿がなければ、暁夫がクラスの友だちの家にあそびに行っても連絡がとれません。長時間保育児にとってはクラスのお友だちは貴重なあそび相手。わが家のように、お迎えも人の手を借りねばならない場合、クラスのお友だちはお迎えを頼まねばならない相手である確率も高いわけで、父母の会のためという以上に子どものためにも私のためにも名簿が欲しい。

さっそく入所式の翌日、「職員、園児の名簿や住所録はないのですか？」とお便り帳で問い合わせたところ、園長先生から「名簿の使われ方に過去に問題があり、組のみはクラス便りでお知らせしたことはありますが、全体のものは配付しておりません」との返事がありました。そこでまたまた翌日、「保育園に子どもを預けるだけでなく、親同士が子どもたちを育て合い、自分たちも育っていくためには、なるべく早くクラスの子どもの名前だけでもしっかりと覚え合いたいもの。とくに長時間児は他のクラスの子どもとすごすことも多いので、他のクラスの子どもの名前も知りたいと思っています。アキとの会話のためにも……」と要望しました。でも名簿は配られません。どう頼めばよいのでしょうか?

妙案は? いろいろと考えた結果、その頃ちょうど東海大地震が騒がれていたので、それに引きつけて、「台風や地震の警報が出たら、保育所から緊急連絡網を回すことになるのではありませんか? 全部の家庭に担任一人で連絡するのはたいへんだし。クラスごとの電話網だけでも配ってくれませんか」と直接園長先生にお願いしたところ、やっと名簿が配付されました。おかげで、それまで知らなかったタックンちやマリチャンちの電話番号を知ることができました。

五月末に行われたクラス懇談会では、担任が「近藤さんが父母の会を作ろうかと仰ってましたが」とクラスのお母さんたちに水を向けてくれました。三人目、四人目の双子ちゃんを預けている先輩ママからは「お姉ちゃんたちを預けた保育園にも父母の会があって登山とか楽しい取り組みがいろいろあったわよ」と援護射撃をしてくれました。でも、移転や夫の就職で精神的にはゆとりのなかった時期だったので、まだ本格的に動くことはしませんでした。そしたら六月の末に、マリチャンのお母さんから「近藤さん、クラス懇談会のときに出てたけど、まだ父母会は作らないの？　前の保育園も公立保育園だったけど父母会があったよ。うちみたいにお迎えが遅い家庭にとったら、他の家庭と知り合う機会は父母会くらいしかないから。私が今知っているのは、ときどき会う近藤さんくらいだもの」と言われて、とにかく誰かから頼られると弱い私なので、「よっしゃ、一丁その気になって作ってみるか」と覚悟を決めました。

覚悟を決めたら後は速攻あるのみ。園児の名簿は手に入っているので、各クラスの役員候補を探して父母会準備会を作ることから着手しました。学習会だ何だと準備に時間をかけているとかえってだらけてしまうので、この秋には発足させようとマリチャンのお母さんと、クラスごとに目ぼしい人をリストアップしました。そして役員候補にまずは声をかけ役員になってもらうことをお願いし、手分けしてクラスの父母に電話をかけて、九月の頭には役員候補とクラスの有志で集まり準備会を発足させました。会則案や結成総会の議案書のような面倒な文書は、いりなか保育園をはじめとしたいくつかの保育園の父母会のものを参考にして私が作り、とにかく結成することを目標にややこしい話はあまりしないで、父母会ができたら何をしたいかということを中心にして話し合いました。

私もマリチャンのお母さんも忙しいので夜の会合になったのですが、自営業の方もふくめて毎週集まり、なんと一か月で準備を終え、クラスの人に総会の出席をお願いして、一〇月二日、日曜日にもかかわらず、団地の集会所にいっぱいの父母が集まり、無事父母会を発足させることができました。マリチャンのお母さんが前にいた保育園の父母の会が「公立保育園父母の会」に加入していたこともあり、総会では公立保育園父母の会への加入も決めました。その席で、前にのぎく保育園に子どもを入れていたケンチャンのお父さんから、「熱田区には熱田区保育連絡会という組織があるので、そこにも加入したら」という意見が出され、当面、私がオブザーバーとして会議に参加することにしました。

この父母会の準備過程で、父母会の必要性を痛感させることが起きました。九月二八日にひどい雨台風に見舞われたのです。側溝に落ちて小学生が死亡し、大雨警報の際の下校について物議をかもした台風でした。私はこの日は美浜ではなく、名古屋市内に出張でした。実習関連の会合でしたが、途中で台風がひどくなり会合は中断。同僚の車で鶴舞から堀田通りを通ってわが家の方へ向かっていたら、鶴舞交差点から水がぐんぐんと車を追いかけてくるのです。「これは危ない」と山側に上がり、わが家から東へ八〇〇メートルほどの高台でおろしてもらいました。そこから堀田通りに向かうにつれ、水が上がってくるのです。水をかき分け進んでいくと、堀田通りではモモのあたりまで水がきて「保育園は大丈夫やろか?」とほんとうに心配になりました。堀田通りを抜けるとまた水は引いていきましたが、園に着いてたずねたら、一時はマンホールが浮いて水があふれだしてきたとのこと。何ともなくて良かったと、ホッと一息つきました。

帰宅したのは五時すぎでしたが、六時がすぎてから、みんなお迎えは間に合ったのだろうか？　と心配になってきました。台風のために名鉄が停まったということをテレビが伝えています。美浜に出勤していたら私はお迎えにこれなかったことになる。誰かそういう人がいるかも……と夕食を余分に作りタッパーに入れて六時半すぎに保育所に出向いたら、案の定タックンとアキト君の兄弟が、保育士と三人でお母さんを待っていました。お母さんは養護学校の先生。職場に連絡したら生徒を名鉄で送りに出たとのこと。名鉄が停まったので帰ってこれないのかもしれません。お父さんは出張中。ひとごとではありません。残っている保育士さんも三人の子どものお母さん。幼児もいるのに。

そこで私が二人を預かることにし、「お母さんがお迎えにきても困らないようにしておいてください」と頼んで家に連れ帰り、暁夫と一緒に食事をさせていたら、七時すぎにお母さんが息を切らしてお迎えにきました。名鉄が停まり車内に閉じ込められていたとのこと。動いてからも公衆電話がいっぱいで保育所に連絡できなかったとのこと。すべてが私に起きてもおかしくないことばかり。東海大地震のこともあるし、いざというときに父母が助け合える体制を作らなくては。わが家のように京都と美浜では、いざというときお迎えにくるのは至難の業。子どもが不安な思いにさらされなくてもよいように、日頃から父母同士の連携を強めなくては……。

こうして総会で父母会全体の運営を担当する幹事と、クラスの父母の交流を担当するクラス役員とを選出し、土曜日の午後に役員会を開催すること、幹事が責任をもって「父母会ニュース」を発行することとし、そのこともふくめて一〇月三日、園長先生に父母の会の結成を報告しました。役員会に園を使わせていただくこと、「父母会ニュース」を園児を通して配付していただきたいこと、当面運動会に父母会の種目を設定したいこと、そして運動会当日の運営を父母会として協力したいことを申し入れました。

父母会準備会のときから運動会の種目は話し合っていたので、運動会まで二〇日足らずでしたが、当日は父母も楽しく参加できました。その後、父母会ではいろいろなことに取り組みました。この年の父母の一番の願いは四、五歳児混合クラスの解消でした。新設園で園児が少なく、四、五歳児が一クラス分いないために混合になっていたのです。園長先生に何人子どもがいれば年齢別クラスになるのかと尋ねたところ、三一名ということだったので父母会で何ができるか話し合い、入園申し込みシーズンに合わせて、地域に保育園のことを知らせるチラシを父母の会として作成しきました。「公立保育園ですから」と宣伝活動に対して園長先生は二の足を踏んでいましたが、次の年には無事に年齢別クラスが実現しました。こうして父母の間でも父母会の位置は次第に高まっていきました。二月には園長先生を中心に父母と保育士との懇談会も開催しました。

父母会会長奮闘す

二年目には七月に夏祭、冬にもちつきとバザーを開催し、バザーの収益で園文庫も開きました。卒園式には父母が手作りの劇を上演し子どもたちに大受けでした。子どもたちは父母の活躍を目の当たりにし、父母とともに保育園で活動できるのが楽しみになっていきました。三年目以降は、こうした父母会行事が定例化するだけでなく、学習講演会も企画しその間の子どもたちの保育をわがゼミ生たちが担当してくれました。

園内での活動は父母にも子どもにも見えやすいので、幹事さんも役員さんも積極的に取り組んでくれます。クラスごとの交流会も行われ、父母の関係も深まっていきました。暁夫の卒園式のときもクラスの父母が「シンデレラ」の劇を上演し、事前の集会所での練習や衣装の作成もふくめてワイワイと楽しみ、当日は、職員にも子どもたちにも大評判の名作(?)が演じられました。夫は王子様。私は大学の卒業式のために参加できず、王子様の衣装作成での参加でした。でも欠席の私のためにと撮ってくれたビデオを、わが家で上映したときも、クラスの父母がたくさん参加してくれて、自分たちの迷演技に酔いしれていました。

もちろん、いりなか保育園のようにはいきません。いりなかはほとんどの父母がフルタイムで働き長時間保育で助け合わなくてはならない必要度も高いし、保育懇談会は夜にあるし、保育者と父母がしょっちゅう一緒に食べたり飲んだりして交流を深めているのに対して、神宮東保育園は三時半お迎えの子どものほうが多く、共働きのたいへんさは限られた父母のもの。保育懇談会は昼間だし、保育者との交流は日常的にはあまりなく、行事のときくらいしか交流できません。だから活動には限界がありますが、それでも父母会がなかったら、父母同士の関係だってなかなかできなかったことでしょう。

園外の活動はもっと難しい。公立保育園父母の会は毎月土曜日に幹事会が開催されるのですが、せっかくの週末になんで会議に行かなくてはならないのか、なかなかわかりにくいですよね。とくに三時半お迎えの方にとっては延長保育も乳児保育も切実な問題とは言えません。設備改善要求くらいが実感をもちやすいもの。ということで、担当の幹事さんを選んでも、なかなか会合には参加してもらいにくく、けっきょく私が参加することも。それで後に愛知保育団体連絡協議会（愛保協）の活動をともにすることになる石原さんと知り合うはめにもなりました。のぎく保育園で開かれる熱田区保育連絡会の会議はいつも夜で、暁夫連れで自転車やバスで参加していました。それでも名古屋市交渉にはなるべくいろいろな人に参加してもらいたいと誘ったりしました。なかには「よい勉強になった」と言ってくれる人もいて、誘ってよかったとうれしくなったりしました。

けっきょく二歳児クラスの秋に父母会を作り会長に就任し、三歳児、四歳児と会長を歴任し、五歳児クラスでは今後のことも考えて副会長になりました。そのため団地内ではちょっとした有名人になり、団地の自治会選挙でもぶっちぎりで票が集まったとか。そこで夫を口説いて夫に自治会をやってもらいました。五歳児になって副会長になったときは正直ホッ。跡を継いでくれる人がいるか心配だったからです。新しい会長はヤッチャンのお父さん。何かあると必ず相談にくるお父さんで、ときには深夜にわが家にお迎えがきて、ファミリーレストランで話し込むときも。夫のいない間によそのお父さんとデイトしているということで変な噂も立ったとか……。お互いにご迷惑様。この年は、全盲の御夫婦の子どもさんが入所したため、父母会ニュースは役員が順番にテープに吹き込んでお渡ししたりしました。

公立保育園父母の会の会議や対市交渉、熱田区保育連絡会の会議などには、いつも暁夫連れで参加していましたが、貴重な親子の時間をこうした会議でつぶすことはどうかなという思いの一方で、いつも公共交通機関を使う私たちの場合、会議への往復の道のりでのおしゃべりがまた何とも言えず楽しいものでした。乗り物の好きな暁夫にとっては、地下鉄も市バスも楽しい空間。帰り道には、南天のオリオンや北天の北斗七星を探しながら、宇宙へと対話を広げていきました。

五歳児クラスになると、近くでの会議の場合は二時間くらいは一人で留守番もするようになりました。何しろ本の好きな暁夫です。図書館で新しい本を借りてくるとそれを読むほうに夢中で、お母さんが会議で出ていっても退屈したりすることはなくなっていました。

お父さんもがんばったよ

こうして父母会ができると団地の自治会役員だけではなく、いろいろな余祿がついてきます。

暁夫が四歳児のときには学童保育所の問題が浮上しました。マリチャンのお兄ちゃんが通っていた学童保育所が、子どもの数が膨らみすぎて分割しなくてはならないという話が伝わってきました。さっそく父母会の中に学童保育所部会をつくり、五歳児の父母を中心に活動を開始しました。父母会活動を通してお互い顔見知りの、現役の学童っ子の父母であるマリチャンのお母さんやアスカチャンのお父さんが中心になり、学童保育所づくりのための会合が開かれるようになりました。そこに父母会会員や夫も参加しました。「保育所のことは私がするから、学童のことはあんたがやってや」と自治会もろとも夫に押しつけました。ごめんね。

でも京都との二重生活のなかで、地域にいま一つ活躍の場がなかった夫にとっては、自治会も学童保育所づくりも、地域に根を張るうえでは貴重な機会だったようです。自治会では『かわらばん』というニュースを創刊し、ニュースのおかげで近藤さんの名前は団地中にとどろきました。学童保育所づくりではアスカチャンのお父さんと二人三脚で場所探しに奔走し、けっきょく新たに学童保育所が開所した際には、アスカチャンのお父さんが運営委員長、わが夫が副委員長に就任し、その後運営委員長となり、なんと一三年にわたり現在もまだ運営委員長を続けるはめに陥ったのです。

さらに夫はその演技力(?)を園長先生に認められ、暁夫が二歳児のときからサンタクロースを演じはじめ、その後もずっと現在まで演じ続けています。

地域に根ざし、地域にたくさんの知り合いを作る父母の会活動。保育条件を良くしていくための保育運動としてだけでなく、子どもを守る父母の輪を作る貴重な取り組みでもあるのです。わが団地のような新しい地域では、父母がつながるための活動として父母会活動のような活動が欠かせません。一人ひとりの子どもをたくさんの父母が見守って育てていくことのたいせつさを、あらためて見直していきたいものですね。

郁夫より
専属サンタクロース

名古屋と京都をふらふらしている間に、団地の自治会の副会長に選ばれてしまいました。こういう役回りは僕にふられてきます。

まったく新しい一六〇戸の分譲マンション。課題は山積みです。僕は地域の保健委員会担当の副会長。区の保健委員会に出席すれば、おばあちゃんが多い委員会。アイスキャンデーをなめながらしゃべっているおばあちゃん委員さん。まったく話題にはついていけず。けれども皆勤。「あんたらあの団地ができたで、蚊が増えてかんわ（あなたたちの住んでいる団地ができたので蚊が増えて困っています）」と、事実関係も定かでないことを言われ目を白黒。

団地自治会では、お互い住みやすい空間、人間関係をつくっていくことがたいせつである、そのためには広報活動が大事と、会長や役員さんを説得(?)して、「自治会かわらばん」を創刊。編集長から記者、レイアウト、印刷、配付まで全部一人で楽しみました。こうしたことは仕事柄まったく苦になりません。この「かわらばん」は僕が退任したあともずっと引き継がれています。ちなみに昨年、名義はカミサンなのにマンションの管理組合理事長になりましたが、そのときも「管理組合たより」を創刊。今年は管理組合監事として引き続き「管理組合たより」を発行しています。これも引き継がれていくことでしょう。

学童保育所は名古屋の場合、ほとんど民営で、一定の条件（場所・指導員の資格・児童数など）を満たしたときに、市から補助金が出るシステムとなっています。いわばほとんど親たちが手作りですすめています。また、市から助成を受ける場合には、「留守家庭児童育成会」（学童保育所のこと）の運営にあたる運営委員会に、地域の町内会長（区政協力委員）、民生委員、子ども会責任者などの役職の方々が過半数を占めるなどという要件を満たす必要もあります。そのためには、地域の理解と協力が不可欠です。

やがて学童保育が必要になることは目に見えていましたから、僕自身もこうした役職についておくことは意味のあることでした。事実、学童保育所づくりのとき、昔からの人情の残る古い町の役職の方々をたずねていくとき、そして協力をお願いするとき、重要な役割を果たしました。保守的な土地柄・人間模様の町でしたが、学童保育の必要性を伝え、放課後に子どもたちが豊かで安全に暮らせるようにご協力をお願いしたい、と何度もおじゃましたとき、「よし、わかった」といったん納得されれば、あとはほんとうに協力を惜しまぬ町内会長さんでした。三本松町内会長さんのご尽力がなければ、学童保育所の新設ははるかに困難なことだったにちがいありません。

新しい保育園の父母会づくりはカミサンが詳しく書いています。その父母会が出し物などで園の行事に加わることになりました。そこは前のいりなか保育園の芸達者な父母たちに鍛えられた成果(?)か、僕は父母の出し物の「シンデレラ姫」の王子様役。カミサンのつくってくれた王子様の衣装がよく似合い(?)絶好調! ところが上手から出るはずが、下手でポカーンとしていて、あわてて舞台上を通って上手へ。衣装だけが王子様、大爆笑の王子様でした。見る人が見れば演技力(?)はわかるのでしょうか。園長先生に見初められ、ずっとサンタさんを演じています。保育園では案外、サンタさんのなり手がいなくて困っておられるよう。どうぞお父さん、サンタさんに立候補しよう。

これがもう役者冥利(?)につきる役柄。保母さんが鈴を鳴らして「あっ、サンタさんかな?」。期待に応えて、本格的な衣装を身にまとって、颯爽と、しかし、いかにもプレゼントが重いような恰好をして登場。いっせいに幼子たちが僕を見つめるあの快感。一度やったらやめられない。ゼロ歳児は泣きだすわ、年長さんは「誰がやっとるんだ。あのインチキサンタは」という冷やかな眼。三、四歳児は食い入るような眼で。

英語か名古屋弁かドイツ語か関西弁か、ごちゃまぜの目茶苦茶なあいさつをしたら、「さあ、サンタさんに質問がある人は質問してね」「ハイ」「ハイ」と手があがる。「エート、えーと……サンタさんはいくつですか?」「ヒャクヤッツ!」「サンタさんはどこからきたのですか?」「サムーーイトコロ」「ソリはいまどこにあるの?」「オクジョー」。難問も出ます。「ソリはどうして空を飛ぶのですか?」これはこちらが絶句。苦し紛れに「イッツ、ロマーン」と言えば、保母さんが「夢があるでしょ?」と見事なフォロー。

子どもたちに園が用意したプレゼントを一人ひとり握手をしたり、頭をなぜたりしながら渡していく至福の時間。幼い暁夫にもサンタとして渡したことがあります。気づいていたでしょうか? 緊張していましたよ。

子どもたちからのお礼の歌を特等席で聞かせてもらい、ほんとうに惜しまれて去っていく。うん、ロマンだ。

夕方、いつものことですが、近所の子どもたちがあそびにきます。「あのサンタ、アキの父さんだろう?」ドキッとしながら「知らんよ」。「声が似てたぞ」「へぇー、たまたまじゃない」「眼鏡も同じようだった」「ふーん」ととぼけます。「やっぱり、アキの父さんだ」「どうして?」僕の腕時計を指して「時計が同じだ」。ギャフン、参りました。シンチャンあんたは偉い。

そんなこんなでサンタさんを今も続けています。一五年以上、この至福の一時をもたせてもらっているのです。あのときプレゼントを渡したお嬢さんたちは、今は成人して……なんて考えると、中年のおじさんはひそかににやけるのでした。

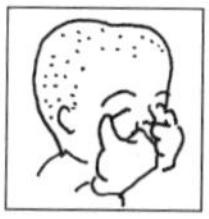

暁夫より
お母ちゃんをとられてしまう!

いやいや、うちの親（とくに直ちゃん）は「ホイホイ」と、どんなことにでも首を突っ込みたがる性質があるようで。しかもいったんやりはじめたらとことんやり通すので、私としてはそのパワーに押されっぱなしです。直ちゃんは当時からエネルギッシュでしたが、それが現在まで持続しているのですから、すごいですよね。私は枯れる一方なのに。

父母会活動、どうもお疲れ様でした。父母会のことで私が覚えているのは、五歳児クラスのときに、直ちゃんがヤッサンの親父さんと、ことあるごとにだべり、それに嫉妬した私が直ちゃんの袖を引っ張り「カエロウヨー」と言っていたことです。母親を取られると思ったのでしょうね。ヤッサンの親父さんには当時あまりよい感情をもっていませんでした。直ちゃんと歩いているときにヤッサンの親父さんを見かけると「ウゲッ」と思いましたね。「ハヤクカエレ　オカアサンカラハナレロ」と念力をかけたりもしました。いやいや、完全に私の逆恨みでしたね。お詫びのしるしにヤッサンの親父さんの店の宣伝をひとつ。

「カバンなら熱田神宮前商店街『おしゃれバッグ菱屋』」

郁ちゃんのサンタクロースも毎年恒例でしたね。「保育園の名物男」でした。郁ちゃん結構若いコには人気あるんですよ（一歩間違えれば「セクハラ親父」という声もあるが）。しかし、「郁夫サンタ」のプレゼントにはろくなものがなかったように思います。ズボンのゴムが切れて「猥褻サンタ」になりそうになったこともあったし（八三年）。

一息ついた
学童生活

エネルギーの塊たち

民間学童保育所の運営はたいへん

保育所の卒園式の翌日から学童保育所は預かってくれます。ありがたい。学童一日目の暁夫の感想はひとこと「わるくはないね」。

さてこの学童保育所ですが、名古屋市の場合は、いわゆる児童館学童保育所が各区に一か所。その他に運営委員会方式の民間学童保育所があります。民間学童保育所と言ってもほんとうは父母が共同で運営しているもので、先の郁夫の文章にもありましたとおり、低学年児童の数と指導員の資格（教員免許や保育士資格を有している、またはそれに準じた経歴を有している）及び、固定的な保育場所を確保できている場合、区政協力委員、民生委員、子ども会役員などの地域役職者と父母会によって組織される運営委員会があれば、市が補助を出してくれるというものです。だから地域の役職者が学童保育所に理解がなく運営委員会の結成に反対したり、児童数が少なかったりすると、まったく市の補助が受けられず、運営費用はすべて父母が捻出せねばならないという不安定なものです。市の補助が受けられても、実際の運営にかかる費用の二五％くらいにしかならず、保育料やさまざまな財政活動によって不足分を埋めることになります。

保育所の保育料は父母の所得によって規定されていますから、母子家庭のように一般に所得が少ない場合は無料に近いのですが、学童保育所ではそうはいきません。母子家庭や父子家庭では、一般の共働き家庭よりは保育料を低く抑えている学童保育所が多いのですが、それでも保育所時代よりは負担が大きくなります。一般の共働き家庭にとっても、保育所時代と同じくらいか少し安いくらいの保育料になります。そのうえ、バザーだなんだとさまざまな財政活動をするわけです。学校に入って少し楽ができるかと思ったら、かえって学童保育所の運営のために忙しくなってしまったというので、学童保育所を辞める人も毎年必ず出てくるのが辛いところです。一年生は五月までは帰ってくるのも早いし、はじめての夏休みは心配だからと、一年生の間は通わすけれど、二年生になったらお稽古事や塾で放課後を埋めればよいからと辞めていくのです。辞められればそれだけ運営はたいへんになります。何といっても保育料と父母の活動で支えられているのが、学童保育所だからです。そのしんどさに一五年も運営委員として、さらに一三年間は運営委員長としてつきあっている夫は大したものです。お人好しの極致かもしれません。

財政的にたいへんなのが一番のたいへんさなのですが、日々の運営もこれまたたいへん。

指導員に出す給与の計算や保険の手続きも、父母からの保育料や雑費の徴収も、学童保育所の修理や備品の購入も、財政活動を支えるための物資販売やバザーの準備や会計も、みんな父母が自分たちでしなくてはなりません。自分の本業のうえに、こうした学童保育所を運営するための業務、民間保育所で言えば理事会や園長先生や事務の人がしている仕事まで背負うわけですから、学童保育所に対して思い入れがないと続かないと言えば続かないのです。こんなしんどさを父母に背負わせている国や自治体の姿勢が問題ですよね。共働き家庭の子どもにだけ特別なことはできないという議員さんもいるようですが、女性が働くことについて偏見をもっているのでしょうね。私などは随分多額の税金を払って名古屋市の税収に貢献していますし、学童っ子の母親たちは看護婦など専門的な立場はもとより、いろいろな仕事を通して社会貢献している人たちです。

父母が安心して働けるように、子どもたちが楽しく実りある放課後生活や夏休みを送れるようにと作られた学童保育所が、もっと普及するためにも、保育所同様行政が手厚い援助をすることが求められています。

新設学童はわやわや

そもそもこのように民間学童保育所の運営はそれだけでもたいへんなのに、われらが神宮東学童保育クラブは新設の学童保育所。もともとあった学童保育所が多人数になり、暁夫が五歳児クラスのときに分家したばかり。暁夫が入所したのは開所二年目。一年目の苦労は夫から聞いてはいたものの、入所してみて「こりゃたいへんや」と実感しました。

何がたいへんって？　まずは、学童保育所の居住環境が目茶苦茶悪いのです。名古屋市が土地や建物を提供してくれるわけではないので、地域にチラシを数千枚配付して、商店街の中の民家をやっと貸していただけたのですが、二階建ての一階は和室と洋室の二間と台所とトイレ、二階は和室一間。そこにエネルギーの塊の小学生たちが三〇名近くひしめき合っているのです。トラブルが発生するのは当たり前のような環境。そして子どもたちが騒いだり悪さをすれば、それは即ご近所迷惑。指導員は近所との関係にも気をつかっていました。幸い一軒おいたお隣が町内会長（民生委員も兼務）さんのお宅で、運営委員としてバックアップしてくださり助かるものの、ご近所との関係でのトラブルが頻発していました。

第二には、父母会が学童保育所の運営に慣れていないこと。神宮東保育園のOBが圧倒的なのですが、公立保育所の父母会は、保育所の財政をバックアップする必要はまったくないため、父母の間に財政活動などのノウハウが欠けており、父母会の運営にやたらと時間がかかったりぎくしゃくしたりしていました。無認可の共同保育所で物資販売などを手がけたことのある父母が少なく、上手な金儲けの方法も知らないのです。

第三は、新しい学童保育所なので、子どもたちのなかに「学童らしい」伝統が根づいておらず、エネルギーの向ける方向が定まらず次つぎと悪さをしてくれていたこと。そしてそのことへの父母会としての認識がバラバラで、指導員の指導のあり方に批判的な人たちが少なからずいたため、父母会が険悪になることも幾度かありました。

わお〜、なんとかしやんと。指導員が継続して働いてくれるような学童保育所でなければ、子どもたちが喜んで通うはずがありません。安い給与でも、子どもたちがかわいいから、父母との信頼関係があるから指導員はがんばれるのですから。そして指導員が定着すれば「学童ならでは」という伝統もできて、子どもたちが一年一年を楽しみにして通えるようになるからです。単に放課後預かってもらえればよい、という父母の意識では指導員はやる気をなくすし、指導員がやる気がなければ子どもたちはおもしろくなくて学童に通わなくなり、けっきょく父母は安心して働きにくくなるのです。

当然のこととして一年目から役員を引き受けました。三年の親が会長、二年と一年の親が副会長という決まりだったので、広報担当の副会長になりました。財政活動や運営で時間をとられ、子どもたち一人ひとりのことを話し合う時間のとれない父母会だったので、子どもの状況は指導員が『じゃんけんぽん』という保育ニュースで伝えてくれていました。

そこで、父母の思いや生活を伝える新聞として毎月『いとでんわ』を発行し、小学校の教頭先生や子ども会の会長にも寄稿してもらいました。そのためにまたまた私らしく、厚かましく学校に出向いて取材したりもしました。

何にしても毎月の運営がたいへんで、当時は毎月、三役会（運営委員長と会長・副会長）と役員会、父母会、そして各係会と四回の会合があり、しかも一つ一つの会議が長く効率的ではありませんでした。財政活動や行事の準備についてもマニュアルができておらず手探りでした。「時間がむだや」と思う会議も多く、「これでは共働きでたいへんなうえに学童の活動がたいへんだからと辞める人が出ても不思議ではないな」というのが率直なところでした。「ここ一、二年の間に何とか効率的な運営方法や体制をつくり出し、誰でもできる父母会活動にしなくては」と夫ともよく話し合いました。

三役会などは、仕事の関係で八時くらいに始まるのですが、遅いときは一二時すぎまでかかったりしました。暁夫はマリチャンちに泊めてもらい、まだ一歳の子どもがいる副会長の家で会議をしていました。三重に会議をするのは効率的ではありません。この一年間に三役で話し合い、係体制を見直し、係の責任者が役員会までに係会を開いてしっかりした原案を作成すること、役員会のための原案は会長が作成することなどを決めて、三役会は毎月ではなく適宜開催する方向にし、省力化を図りました。要するに何でもみんなで話し合うよりは、責任者がきちっとした原案を作り、役員会や父母会の運営をスムーズにして、父母会ではほんとうにみんなで話し合いたいことにじっくり時間をかけることにしました。財政活動は、以前民間保育所で保育士をしていた副会長と私で、伝票の形式や在庫管理の方法を検討し、次年度からはかなり活動しやすくなりました。このときの三役は四人とも学童を何とかして発展させたいという思いを強くもっていたので、こうした改善も比較的スムーズに進みました。でも早寝早起きを信条にしている私にとっては、午前様になる会議はほとほと参りました。

学童保育所の父母会や役員会のときは、ほとんどの家庭がどちらかの親がいるというふうでしたが、そうでない場合も、わが家のように学童の仲間の所に泊めてもらったり、子どもたちだけで留守番させていました。そうでなければ、長い長い父母会は乗り切れません。子どもがその場にいたらやかましいし、気になるし……。こうやって子どもたちはたくましくなっていくのかもしれません。

トラブル続きの学童っ子

神宮東の指導員は二名体制でしたが、学童保育所ができた初年度に、前の学童保育所で長年指導員をしていたベテランが一人トラバーユ。そして保育所で臨時保母をしていたカヤマさんとで二年目は出発。暁夫はベテランの「おにい」が大好きで、学童保育所に入所後、おにいのTシャツにぶらさがるようについて回っていました。一年生の家庭訪問の際に担任が「学童のお兄さんがほんとうに好きですね。お兄さんがきたときの顔と、教室の顔が違うのでそう思いました」と言っていたくらいでした。

そのおにいが結婚して故郷に帰ることになり六月でお別れ。前の学童のOBもふくめて「お別れ会」をしたときに、中学生になったOBたちがおにいを慕っている姿を見て、暁夫も六年生まで学童に通わせて、学童が心の故郷になるといいなと心から思いました。中学生になっても親以外に慕うことのできるおとながいるって何だか素敵ですよね。私だけでなくそう思った父母が他にもいたと思います。

でもベテランのおにいが辞めたあと、新人と一緒に保育をするカヤマさんはたいへん。子どもたちは相変わらずエネルギーを発散。子どもたちは学校でそれなりにストレスを感じ、学童保育所に帰ってくるとホッとしてたがが緩むのですが、そのことにあまり理解を示さない父母もいました。ちなみに暁夫も学校生活のストレスを感じていました。一年生のときは「ぼく体育と音楽がイヤなんだよなー、先生体育だとえらいきびしいんだもん。気をつけー、休めー、前へならえーって、とくに休めーから前へならえーがたいへんなんだよ」。二年生のときには算数の宿題を忘れて二日分の宿題をべそをかきながらしつつ

「地獄だー悲惨だー」とわめいていました。やっと終わると「自殺したいくらい悲惨だった」。宿題が多かった日には「宿題地獄だ。僕は日本の歴史と社会と理科の実験は好きだけど、学校はおもしろいことを教えてくれん。音楽の鍵盤ハーモニカと算数のかけ算が一番つまらん」と文句を言っていました。一人ひとりの子どもの関心に沿って学習を進めるのは現在の学校ではなかなか困難ですよね。

子どもたちは、学童保育所の屋根に登って隣の家に探検に行ったり、学校帰りに鉄橋の手すりの上を渡ったり、公園への往復の途上で拾い食いをしたりと、小学生らしい悪さを次つぎとしていました。小学校低学年の時期は、決まりを破ってみたり、してはいけないことをすることに「大きさ」を感じて、ある意味で冒険をする時期です。だから私も子どものときに屋根の上に登っておしっこしたり、有刺鉄線をかいくぐって高圧鉄塔の周りであそんだりしました。夫は自転車で友だちと公衆トイレに突入したりしていました。今の時代こうした悪さがすぐに近所迷惑になり命の危険につながるため、地域でいたずらをして叱られつつも、自分たちの力の限界をたしかめていく体験ができにくくなっています。中学生になってから小学生のような悪さをしている少年も見かけます。甘えん坊の暁夫も、自転車で遠出をしたり、拾い食いをして叱られたり、通り道ではない家と家の狭間をタツクンたちと通ったりとそれなりに羽目を外していました。

でも、こうした悪さは学校でも地域でも問題になり、もちろん学童でも父母会の課題になっていました。指導員が叱っても聞く姿勢の少ない子どもたち。指導員はあそびを通して子どもたちと向き合おうと努力していました。父母会では学習もしつつ話し合いを進めていましたが、父母として何をするかというよりは、指導員を批判することが多くなることもありました。でも父母会で話し合うと、父母が子どもに言うせいか、一時的には子どもたちが指導員の話を聞くこともあったようです。

そんな日々のなか、秋には父母会を揺るがす大事件が起きました。学童保育所の連合運動会の前日、運動会の練習に盛り上がっていたはずの子どもたちが、一〇人近くで集団万引きをしたのです。中心は二年生の男子たち。一番落ち着きのない学年です。急遽、当該の子どもたちの父母が集まり、万引きしたお店に子どもと父母で謝りにいきました。翌日の運動会では、母親に叱られた子どもが急にいなくなったり、遅刻してきた子どもが車と接触し怪我をしたりと、当事者である子どもたちも動揺を隠せませんでした。会長は、怪我をした子どもを病院に連れていったり、その日も仕事に出ていたお母さんに事情を話すために忙しく、別の日にあらためて父母会としての対応を話し合うことになりました。

その日は、当事者の父母を中心に、学童のあり方だけでなく親として自分たちが何をするべきか考えようという姿勢がみられました。男の子が多い学童で、問題を起こしたのも男の子たち。おにいが辞めて女性指導員二名体制では、ある意味で男の子たちのエネルギーを受け止めきれないのかもしれません。いずれにしても、もっと親が子どもの姿を知らなくてはということになり、土曜日の保育に親、とくに父親が参加しようと話し合いました。指導員の苦労も親として学ばねばならないし、子どもたちに対しても父母が真剣なのだという姿勢を感じさせたいし、親のもつ文化を伝えていくことも必要だからです。そしてこれだけ地域に迷惑をかけているのだから、地域に何かお返しをしなくてはと、日頃使用している公園の清掃を父母会と子どもたちですることにもしました。もちろん、すべての家庭が協力的だったわけではありませんが、協力した家庭はその後も学童保育所の運営に力を発揮してくれました。指導員に任せきりにせず、父母としてできることを模索する道から出発しました。しかし、この年、何軒もの家庭が学童保育所を辞めていきました。父母会もたいへん、子どもたちは荒れている、仕事がたいへんなうえに父母会を何度も開かれたのでは体がもたないと思った人もいるでしょう。

だけど、小学生のうちにこうした取り組みができることに意義があるのではないでしょうか。中学生以上の子どもたちの非行には、当事者の家族以外はなかなか関与できにくく、そのため歯止めもかかりにくくなります。ともすると当事者の父母以外は他人事になりがちで、自分の子どもさえ悪いことをしなければ、自分の子どもさえ賢ければとなりがちなのに、父母会で真剣に議論し、解決のための手がかりを探っていけるということは、ある意味で地域の財産ではないでしょうか。子どもたちに声をかけ続けるおとなの輪が広がった、しんどかったけれど貴重な体験でした。

学童、いのち

最初の年がドラマに満ちあふれていたので、それ以降の学童の父母会活動は、私にとっては大した負担とは感じませんでした。三年生になったら当然のこととして父母会長になり、四年生になって役員から外れたら、さっそく学童の後援会をつくり会長になりました。暁夫は運営委員長、私は後援会会長として、今も学童保育所に関わり続けています。ある時期、「指導員を辞めさせたかったらうちの父さんと母さんに言えばいい」などとうそぶいていたくらいです。

父母会長の時期は会議の合理化と指導員の就業規則の改定に力を入れました。私としては少しでも父母の負担を減らして、子どものことを話し合える父母会にしたかったのですが、母親というのはおもしろいもので、バザーのおでんの出汁は何が良いかというようなどうでもよい話題で盛り上がり、それで仲良くなったりするものなのですね。私は大学でも会議運営を進めたりしてきたので、効率的な運営をどうしても心がけてしまうのですが、学童の父母会は、井戸端会議的な側面もないとうまくいかなかったりもするのです。

そのへんのさじ加減が必ずしもよくわからず、「近藤さんの独り舞台」になってしまって不満をもった父母もいたようです。指導員さんのためにとがんばったことが、かえって指導員に迷惑をかける結果になったりもしました。就業規則の改定や、お稽古事などについての話し合いを通して、これは私の急ぎすぎかなと思ったことも何度かありました。お稽古事については学童保育所の指導員はいつも悩まされています。小学生になるとお稽古事に通わせる父母が増えるのですが、そのため、子どもたちの降所時間がまちまちになり、早く帰る子どもたちの安全確保に気をつかったり、集団的な取り組みがしにくかったりと、父母にはわかりにくい苦労を抱えるからです。そのため、父母会でお稽古事のことを話し合ったときには、お稽古事自体を指導員が否定しているととってしまい、指導員に対して批判的になった父母もいたようです。そんなときもカヤマさんは私に不満も言わず、実践を通して父母の信頼を得ていきました。私があまりにもエネルギッシュなので、指導員も他の父母も思いを出しにくかったかもしれません。こうした反省は、今、学生と向き合ったりするうえで生かさせてもらっています。

カヤマさんはペアの指導員が次つぎ変わるなかでも、一三年間指導員として働き続け、神宮東学童は子どもたちが落ちつくだけでなく、六年生まで通い続ける学童保育所になっていきました。ほんとうにご苦労さまでした。

私たち夫婦は学童保育所づくりから関わったため、学童に対して特別な愛着があり、暁夫を六年生まで通わせるだけでなく、卒所してからもＯＢ会を開催したりしました。暁夫も「学童は学校ではできない生きた勉強をする所だ」と愛着をもっていますし、今でも帰省してくると学童に顔を出しています。わが家にとってはある意味で「学童いのち」。学童は私たちの子どもみたいな存在でもあるのです。

郁夫より
学童を続けている理由

学童保育所づくりはまず、場所探しから始まりました。土地が確保できれば名古屋市がプレハブをリースしてくれるのですが、名鉄神宮前近辺に空いた土地はありません。日本車両はじめ近在するビル、公団、心当たりをたずねては落ち込む日々。三本松町内会長さんにも正式に依頼して、やっと素晴らしい環境の民家をお借りすることができました。

パチンコ屋やゲームセンターが並ぶ、下町の商店街の一隅。名鉄の通勤・通学者が通う真っ只中の民家。しかし、何はともあれありがたく、創設に苦労した親たちと喜び合いました。近くに公園があることもありがたいことでした。

学童の運動会　郁夫のバニーはいかが？

僕は当初は副運営委員長。その後運営委員長をこれまた十数年。そのわけは、学童保育の条件があまりに貧困で、指導員の待遇改善のこととか、子どもたちの豊かな放課後づくりのこととか、課題が山積みしていることもありますが、ほんとうはカミサンの「あんたはあそんでおらずに、もっと人さまのお役にたたんかい。せめて学童の運営委員長くらい続けなさい」という厳命(?)によるものです。

しかし、厳命(?)だけで、僕が動くはずがありません。やはり、いろんな親たちとの共同が楽しいからです。

児童数が減少し、助成金が半減した時期もありました。運営がたいへんで、指導員さんの待遇改善の要求をギリギリのところでのんだり、けったりしたこともありました。すべては、地域で学童保育を必要としている子ども・親たちがいる以上、この学童を続けることがたいせつだと考えたからです。

このたいへんさは今も変わりません。女性の社会進出は当たり前、男女共同参画社会をうたうならば、放課後の子どもたちのあそびと生活の充実が不可欠です。こうした親たちの努力を励ます施策へと転換させていかねばならないことはあきらかです。

学童の運営、バザーや父母会活動を通して、新たな父母たちと知り合うことができました。父母会も余力が出来てくると、その後、飲み会、またはカラオケへと。

学童の運動会にも父母会は燃えました。その後、飲み会、カラオケ。こうしたビジネスとは無縁の世界で、ワーワーやれる機会は貴重です。

暁夫は六年間、神宮東学童保育クラブに通いました。見事卒所していってくれました。ありがとう。

そして、毎年、いまも少なからぬ後輩たちが、学童を卒所していきます。僕は運営委員長としてその場に立ち会います。大きくなって羽ばたいていく姿を眺めることも、運営委員長冥利です。

暁夫より
僕も学童創設メンバー

学童ができる前、当時保育園児の私は、学童保育所の候補地回りについて行きました。たしか三か所行ったと思います。最後に行ったのが現在の保育所です。じつは、私も学童の設立にはかなり関わっているんですよ。でも、設立当初はなかなかたいへんだったようで、一年後学童へ入ってみると、候補地回りで行ったときより格段に汚くなっていたように思います。まあ、空き家で「死んでいる」よりも、多少汚れても活気にあふれていたほうが建物にとってもよかったでしょう。その後六年間で、私も相当建物を汚しました。現在でも学童の一階西側には、私が四年生のときに彫った「こんどう」の四文字が燦然《さん》と輝いています。その他にも落書きは数えきれないほど残しましたね。

たしかに、かなり古い建物でしたけれど、屋根裏や屋根の上など、団地のわが家にはない魅力のある建物でした。屋根裏や屋根の上に行くことは禁止されていましたが、屋根の魅惑には勝てませんで、よく登っては怒られていました。でも、三、四年たつうちに次第にやらなくなっていきました。学童全体が落ちついてきたということですかね。今では学童っ子は、周辺からも「ワルガキ」視されなくなったと思いますよ（多分）。あの頃は随分迷惑をかけました。犯人は私じゃないですが、隣の庭の石灯ろうを破壊したり、自動車のフロントガラスに石をぶつけて割ったり。

当時はそんな自覚はなかったですが、学童の経営はたいへんなようです。思えばよくバザーをしていました。その他、指導員の待遇改善のための基金を作ったりして（私も一万円投資しています）、神宮東学童保育クラブは随分がんばっていると思います。それでも、指導員の待遇はあまりよいものではありません。安い給料でも働いてくれた指導員のみなさん、ありがとうございました。

技を磨く子どもたち

子ども集団のなかで鍛えられて

一年生になったばかりの暁夫はまだまだ甘えん坊で、おにいの後ろにくっつき回っていました。保育所時代にあったお迎えが学童ではなくなりますが、入所して三週間くらいは「お母さんお迎えにきて」と甘えていました。他の一年生たちのお迎えがなくなったら、自分でも考えるところがあったのか、「タックンと帰る」とタックンと二人で帰ってくるようになり、私が遅い日はマリチャンと一緒に帰って、マリチャンちで私の帰りを待つようになりました。一年生同士の関係が深まるにつれ、一人でタックンちや近所のお家に上がり込み、夜まで帰ってこないということも出てきました。私の遅い日はそのままマリチャンちで泊まり、「お兄ちゃんが女だったら結婚したいくらい」お兄ちゃんが好きになりました。自分でどんどん世界を広げていく暁夫。

学童の先輩たちとの関係も交遊関係も広がり、先輩たちがわが家に次つぎとあそびにくるようになり、お父さんは趣味の「将棋道場」を店開きしたくらいです。日頃は礼儀知らずの先輩たちも、道場のときは正座して「やるときはやる」という姿を見せてくれます。「近藤さんちに泊まる」と言って一度に六人の小学生が泊まったこともありました。わいわいにぎやかな先輩たち。いるとうるさいのですが、帰るとちょっと心淋しかったりして。でも、こうしてあそびにきてくれるから、学童での問題もイメージしやすかったという側面があります。

先輩たちの影響を良きにつけ悪しきにつけ受けながら暁夫も育っていきます。まず、ゴミを拾うのが趣味になりました。学童っ子たちの根城の公園は大型ゴミの収集場所でもあり、家具も出たりして、先輩たちはかなづちを使って改造したり。暁夫にとっては魅力的だったのでしょう。ゴミ捨て場あさりが始まりました。「ええもん見つけた」とタックンとギターや扇風機を拾ってきて、使えるものは学童に寄付したりしつつ収集し、この趣味は中学生になっても続いていました。教室のごみ箱から使えそうな物を捜し出しては再利用するため、学用品はほとんど買わずに済みました。だからか、「大人になったらマラソン選手になる」はずだった暁夫が、一年生では「ルンペンになるんだ」と言いだし、私が「ルンペンさんは冬でも外で寝ないと駄目だから体力がいるよ」と言ったら、「からだを鍛える」と団地の周りを走りはじめたくらいです。ジョギングにはすぐに飽きてしまいましたが収集癖も低学年らしい趣味ですよね。当時は小学生の間でビックリマンシール集めが流行っていましたが、暁夫はシールではなく不用品を集めることに熱中していたのです。

冬になり学童でコマまわしが始まったら、三年生たちに特訓してもらい、指導員も「練習熱心にかけては学童ナンバーワンです」と書くくらいがんばって、「ひもかけ手のせ」まで挑戦するようになりました。保育所時代はなかなかコマが回せず泣きながら練習していたのに、先輩の教え方が上手なのか、暁夫に向上心が芽生えたせいなのか、ほんとうに熱中しました。先輩のフミ君に「跡継ぎ」として鍛えてもらい、卒所までには高度な技もすべてクリアーし、コマ名人になりました。

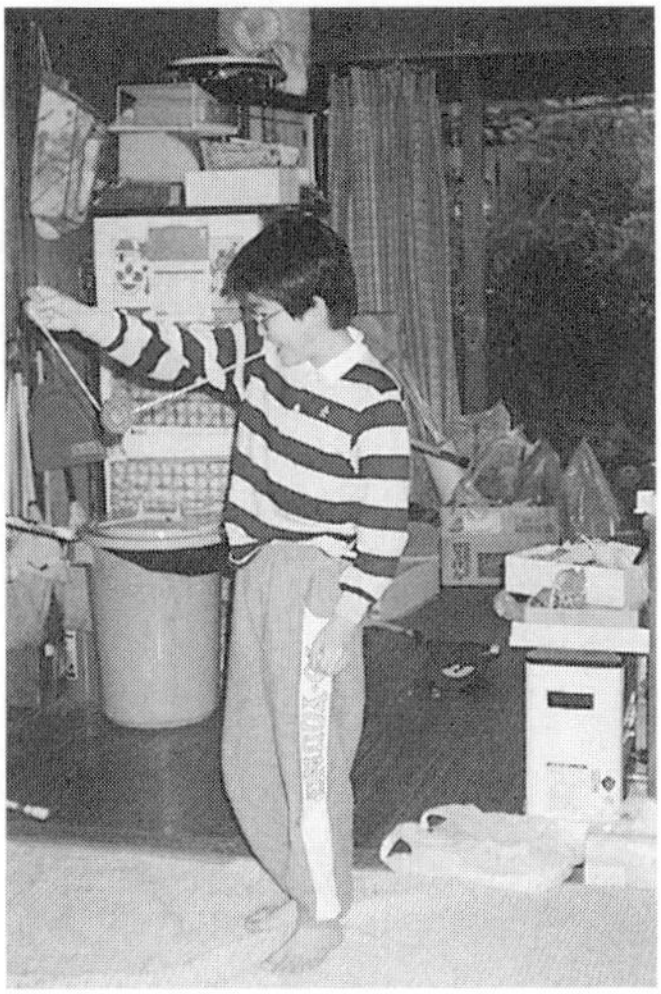

連日の特訓と練習の末……

またスポーツ、とくに球技は嫌いなのですが、先輩たちが公園で野球をするのにつきあっているうちに、自分は解説者として見ているように。それでも、家ではナイターも見るようになり、お兄ちゃんたちの影響を感じさせられました。親以上に先輩たちの影響力は大きく、とくに三年生のお兄ちゃんたちが暁夫にとっては、良き見本でした。

その一方、ちょうど子どもたちが問題を起こした一〇月頃には、「学童をやめたい、月に一万円もするもん」「アキトも辞めると言ってるよ」「学校はためになるからいいけど学童は何のためにもならん」などと言っていました。荒れているというのを何となく感じていたのでしょう。しかし、これも父母のがんばりで少しずつ学童が落ちついてくるにつれ言わなくなり、冬には学童で行ったスケートをがんばったり、コマに熱中したりして「この頃ぼくは三年生と仲がいいんだよ」「学童で面白新記録を作ったんだよ」と学童生活が楽しくなっていきました。

もちろん本好きは相変わらずで、学校や学童では『マンガ日本の歴史』を愛読し、わが家では保育園時代からの連続で昆虫関係の本や地図帳（私の高校時代のもの）を愛読していました。学校で鳥についての学習があった後は猛禽類に凝りはじめ、猛禽類の本を借りて読むだけでなく、お父さんと野鳥観察館へ鳥を見にいくことも増えました。学校では「ぼくのおとうさん」という四〇〇字づめで八枚もある大作の作文を書き、小学生生活にしっかりと馴染んだことを感じさせました。

京都と名古屋を往復しているお父さんは、学童の運営に携わるだけでなく、学童っ子たちに将棋を教えたり、長期休暇中はプールやスケートにつき添い、宿題の面倒もみて、指導員のために陰ながらバックアップしていました。「ぼくのおとうさん」にはそんなちょっとアホだけど、おもしろくって楽しいお父さんのことがよく現れています。クラスの友だちがみんな読みたがるという名作で、わが家の宝物の一つ。幼児と違ってこうして作品に残してくれるところが小学生の楽しいところですね。

先輩になったぞ

二年生になると、指導員の手も心も、新しい一年生に向かいます。ちょっと甘えん坊に戻った暁夫。家でもだらだら。とくに鼻が悪いせいで耳鼻科通いが続くので、余計に家ではだらだらしています。

でも五月すぎたらすぐに先輩たちと楽しいことを見つけていきます。公園でルンペン小屋を作ったり（これは残念ですが、地域のお兄ちゃんたちが花火で火をつけたせいですぐに壊されてしまいました）、夏祭にお化け屋敷をするのでその下準備や計画に燃えたり、キャンプに向けて家でも料理の練習をしたりと、一年間の学童生活が見通せるようになり、先輩たちと何かに取り組むことが喜びになってわくわくしています。「今日ね学童の夢見ちゃった。学童が今より立派でね……その中に僕んちがあるんだ」なんて。後輩たちの面倒をみるほど余裕はないけれど、学童生活がしっかりと位置づいています。だからか、日ましにしっかりしてきて、私が遅くなる日もマリチャンちでなく家で夕食を食べ風呂に入って寝て待つようになりました。

はじめて独り寝留守番に挑戦した日は、私も心配で「カギをしっかりかけて寝るんやで」としつこく言ったので、暁夫は玄関の鍵だけでなく鎖もかけて寝てしまい、帰宅した私が鍵を開けても入れず、チャイムを何度鳴らしても、外から電話をかけても、庭から大声で呼んでもまったく起きず。仕方なく、庭から寝室の窓ガラスを割って侵入しました。泥棒やんか！　でもその後はちゃんと鎖はかけずに寝ていてくれるようになり、随分と楽になりました。子どもはたくましい。

一方、学校は一年生のときとは違って「なんで子どもは学校に行かないかんの？」とか、「学童はみんなでやりたいことを決めるけど、学校はいやだ」「核兵器より学校がいや」とかぶつぶつ。宿題に関して「地獄やー」という言葉も聞かれ、苦手な漢字や音楽がとくにいやなようです。大好きだったプールもあそびでなく泳がされるのがいや。

そんなときに作った暁夫の川柳――

「運動会　先生の血圧　上がってる」

学校の勉強が次第に難しくなるためか、ペースが早いせいか……。個人懇談のときに担任にその旨を言ったら「暁夫君は力があるから大した苦労じゃないはずですよ」とのこと。ということは他の子はもっとたいへんな思いをしているのでしょうか。家では暁夫は物知り的な本の楽しみ方だけでなく『発明発見物語』や『ずっこけ三人組』などストーリー性のあるものも楽しみだしました。

三年生になると学童では班長になる機会も増えます。夏祭で売る商品は何がよいかということで、フランクフルトをおす暁夫の演説は「うまい　早い　安い　かんたんに作れる残っても困らない」の五つを理由に挙げたとか。一年生をリードしつつ楽しんでいます。家でも元気いっぱいでお父さんとクワガタ探しに凝りはじめ、早朝から山に出かけたり、家のなかでテントを張って寝たりと「冒険」しています。学校では「生まれ変わったんだ」と珍しく参観日に手を上げたり、家でも「勉強しなくちゃ」と『チャレンジ』に加入したり（すぐに辞めてしまいましたが）。だけどちょっとがんばりすぎ。「お父さんは幸せでいいなあ」なんて急に言いだしたりて。「どうして?」とたずねたら「だって物事を深く考えとらんもん」だって。いろいろと心に思うことがあったようです。

四年生になると学童では高学年。六年生のフミ君にあこがれ、六年生まで学童に通うことをひそかに決心したようです。タックンと高学年の取り組みで地下鉄探検に出かけるのが楽しくて仕方がないようで、ますます自信をつけてきています。病気になっても一人で留守番して「退屈だ〜」を連発し、学童のほうがいいという思いを強めていました。

学校では、先生の期待に応えて勉強もがんばりだし、学級委員にもなりました。でも本音の所はあまりやりたくなく、理科の宿題をしながら「どうしてこんなわかりきったことを書かせるんだ！」と叫んだりしていました。担任は学級委員になってとても成長したと思っていたようですが、本人としては無理もしていたようです。

この時期クラスの子に学校からの帰途、何度かつねられることがあり、ひどい痣になっていましたが、暁夫曰く「かわいそうな子なんだよ、毎日塾にいかないかんのだもん」。三年生以来の暁夫らしからぬがんばりや、こうした他の子への気配りの仕方に、私たちはちょっと心配になりはじめました。幼児のときから人一倍感受性が鋭く、友だちの気持ちを自分のことのように感じる暁夫。このままいくと、中学生になったときに学校の人間関係のなかで辛くなってしまうのではないか。不登校やノイローゼになるかもしれない。そんなことを夫婦で何回か話し合いました。そのうえでの二人の結論は「暁夫にアホな世界のおもしろさを教えよう」でした。辛いことがあったときに自分でホッとできるように、何か気を抜ける方法を身につけさせたい。そこで、二人の好きなギャグマンガを意識的に暁夫にも読ませました。アホな世界でホッとすることが、学童がなくなった後の中学時代を支えてくれたらいいなぁ。そんな思いでした。

この年の末、神宮東学童ではじめての卒所児を二人送りだしました。フミ君とアキト君。アキト君は部活で忙しくおやつを食べにくるだけのときもありましたが、二人とも体も心も成長し、フミ君は高熱をおして参加し、コマの妙技をみせてくれました。アキト君はサ

われらが神宮東学童保育クラブ応援団

ッカーのリフティング。一年生のときの姿からは思いもつかないほどのおとなっぽさで、参加者は六年生まで通うとあんなに成長するのだとあらためて痛感しました。

　五年生になると学童では一番のお兄さんになりました。いままではフミ君にあこがれてフミ君の後を付いて回っていた暁夫が、低学年を引き連れた兄貴になるのです。そうなったらわが家にくるのは暁夫の子分の三年生たちに変わってしまいました。わが家へきては「ドラクエごっこ」をしたり、運動会の応援団の練習をしたりと盛り上がっていました。この頃、「一年生が学童がイヤって言ってるらしいよ」と話していたら、「ぼくだって一年生のときはイヤなときもあったけど、辞めずにきて、今は天国だ！」「下級生ばっかりで、食物連鎖の頂点に立ったようなもんで楽しいのに……」とか、入所説明会にくる親に聞かせる演説だと言って「学童は生きた勉強のできる所だ」「僕もときどきはイヤなときがあったけど自由があって楽しい所だ」と大声を張り上げていました。子分たちも相手に大きな顔ができるのが楽しかったようです。学校では前期も後期も児童会選挙に立候補させられ、演説を先生に直されて「センコーがいつも割り込んでくるから、自分たちのおもうようにできん」なんて文句を垂れていました。センコーだって……。

六年生になると、学校ではまたまた児童会選挙。児童会役員になり、行事のたびにそのための演説を考えさせられ、それに先生が手を入れるのが気に入らずぶーぶー。学童では四年生が高学年になり、ますますともに行動することが増え、休みのたびにわが家にあそびにくるように。テレビゲームをしたり、私の手ほどきでマージャンに挑戦したり。かわいい後輩たちです。卒業まで学童に通えたというだけで私は暁夫を尊敬。卒所式では演説とコマをすることになり、「カヤマが泣くかなあ〜」と偉そうなことを言っていました。「六年間も一緒にいたら、カヤマが何考えてるか全部わかるんだよな」なんて言いつつ、当日は、演説でみんなを笑わせてからコマを回し、カヤマさんを泣かせないで卒所しました。

小学生の六年間。暁夫の周りにはいろいろなことがありました。暁夫が生まれる前からわが家にいたチビタが、暁夫が三年生の三月に病気で亡くなりました。そして一年生の冬からモモコを飼いはじめました。いとこのカークンが滋賀に引っ越し、立派な家も建てたのでゆっくり泊まれるようになりました。カークンは母子家庭なので、お母さんが長くいなくなるときはわが家に泊まりにきて、暁夫と一緒に学童にお世話になることもありました。家族での旅行は東京、山梨、鹿児島、山口、北海道など行き先は広がる一方。

二年生の夏には私が肺炎で寝込みました。大親友だったタックンが五年生になるときに松本に引っ越してしまいました。一緒に学童に入った女の子たちはみんな途中で退所していきました。仲良しのマリチャンとは二年生になると「マリと仲良くすると噂になるんだよな」と一線を画しはじめました。

そして暁夫が五年生になるとお父さんが、京都から愛知へと職場が変わり私はぐんと楽になりました。私はというと、暁夫が四年生になったら職場では教務委員に復帰し、さらに全国障害者問題研究会（全障研）愛知支部の支部長になり、毎週事務局会議に出るようになりました。六年生ではお父さんが愛知に変わり少し楽になったのも束の間、愛知保育団体連絡協議会（愛保協）の会長に就任しました。これでも毎週一回以上の会議が入り、夜はいないことが多いという暮らしに舞い戻りました。肩書はいずれも愛知県全体に責任をもつもので重く、たいへんなのですが、暁夫も児童会の役員や学童のリーダーとして肩の荷が重くなっていたのです。がんばりすぎた暁夫。親と一緒にアホな世界のおもしろさも感じはじめた暁夫。中学生になったら一体どうなるのやら？

郁夫から
僕の宝物

僕のたいせつな宝物があります。暁夫の小学校一年生のときに書いた作文です。宝箱から出して読み返してみました。原稿用紙七枚半の力作です。

ぼくのおとうさん

一年一くみ　こんどうあきお

ぼくのおとうさんは、いま四十さいですが、このおはなしは、きょ年のことです。ある日おとうさんのあたまに一円はげができました。そのころのおとうさんは、いまとくらべるとずいぶんびんぼうでした。それから一か月ぐらいたったらそれが五百円はげになりましたその五百円はげとゆうのは、ぼくとおかあさんがつけたのでほんとうは、えんけい（まる）のはげですがおおきさが五百円ぐらいのところからつけたのです。いまでは、千円はげになってかねもちになっています。そのうち一まん円はげになることでしょう。

おとうさんの名まえは

「いくお」

ですでもこのさく文ではおとうさんとかきます。とらんぷをやってまけそうなときには、「いくちゃんいがつくいんきんたむし」とゆうとすぐにおとうさんはおちこみぼくのぎゃくてんがちになります。

さきほどいったようにいま、おとうさんはかねもちです。だけどおかねは、あまりつかいませんなぜかというと、ぼろべっそう（※北白川の下宿のこと）です。ふとんがやぶれているのでさむそうだとぼくはおもいます。

おとうさんは、まいばん（よる）よふかししてワープロをうっていて、それであたまがおかしくなったせいかこのごろばかになっています。それは、どっかへものをおくとたいていわすれてしまいます。きおくりょくは、ぼくの人でいちばんわるいくらいです。なにしろぼくにかってきたおみやげもわすれるくらいなんだからぼくはまいっちゃいます。ついでにゆうと、おとうさんは三ごうとう（※住んでいる住宅のこと）で一ばんばかなんだったようです。

あさぼくがおかあさんといっしょにおきると、まだおとうさんは、おきていません。そうゆうときは、ぼくは、おとうさんのふとんにはいります。ねているおとうさんはすっごくあったかいのであるくほかろんみたいです。でもけっきょくおこすのはぼくではなくおかあさんです。でもすぐにはおきません。二かいか三かいなかなかおきないときには、十かいいじょうやってやっとおきます。これではだめだとおもって目ざましをせっとしましたがいまではめざましはいりませんなぜかというともともとゆう犬がいるからです。ちょっときんじょめいわくなんだけど。とにかくおとうさんのねぼうにはこまりました。じっさいにさいごまでふとんの中にいるのはぼくなんだけど。

ぼくが水よう日のよるねたあとの十二じかんご（あと）のまよなかおとうさんがさんたさんみたいにかえってきます。「水ようさんたさん」とゆうのはちょっとおかしいですが。かばんの中のおみやげは、きょうりゅうのたまごとゆうチョコレートと、ラムネみたいなのががったいしたおかしです。どうしてそのおかしがすきなのかとゆうとそのたまごの中にてつのおもちゃのきょうりゅうが入ているのでぼくはこのおかしがすきです。まえまでは、キャラメルが、一ばんおおかったのでした。そのつぎにかってくるのはグリコ……名まえは、わすれましたがグリコのあめみたいなキャラメルみたいなおかしです。おとうさんのおみやげのおもしろいところは、じぶんでじぶんのおみやげをかってくることです。それは、キャラメルです。それでまえまではついでに、ぼくのぶんまでかってきたのです。ぼくのすきなおかしをかってきてくれるおとうさんは、ぼくにとっては、たいへんいいとおもいます。

ぼくはおとうさんに一つだけふまんがあります。それは、すぐすねることです。もうちょっとすねないといいと、ぼくはおもいますが、そのおもいがつうじたのか、このごろあんまりすねなくなりました。もっとすねなくなると、いいとぼくはおもいます。

おとうさんはうちではたくさんそうじをしますが、べっそうではなかなかそうじをしませんそのわけは、やはりめんどくさがりやなのがげいいん（※原因）なのか、それとも七～一二年ぐらいまえのきたしらかわのぼいいえ（※ぼろいえ）からはじまっているのだとぼくはおもいます。きょうとのべっそうはやはりぼろいので、そうじをしないのかぼくにはどっちかわかりません。

このさく文では、べっそうのことをたくさんはなしましたが、べっそうは、ほんとうにめちゃくちゃきたないのです。テレビは二つあってもぜんぜんみないので、もったいないとおもいます。それにこたつの上にしくこたつぶとんがないのです。そうそうあのぼろべっそうのアパートは、だにとすずめばちのアパートなんだってすずめばちのすんでいるアパートにすんでいてよくおとうさんはさされないなあと、ぼくはおもいます。べっそうのきたなさにはさすがのぼくもまいりました。

おとうさんが大学へいくとちゅうに大学のうら山にいきますそのうら山はすごくゆたか

です。あおばづくもいれば、こん虫もたくさんいるし、ときどき日本ざるもでるんだって
そんな山を一しゅうかんに四五かい（※四、五回）もとおるんだってそんなおとうさんを見て、ぼくは、うらやましいなあとおもいます。そんなことでもうら山でとったものをおみやげにしてもってくるときもあります。くわがたや、こうようしたくぬぎやこならをとってきてくれます。もってくるまでくぬぎやこならのはっぱはかれてしまうときもありま
す。つぎはうら山のしぜんや、きせつとおとうさんです。なつは、せみのなく中をあるいて大学へいきます。まえに一かいいきましたがせみのなきごえがものすごくうるさかったです。せみのなきごえにはまいりました。あきは十まんまいをこすは（※葉）にかこまれて大学にいきます。それは、まるでゆめのせかいみたいです。
ぼくはあほなおとうさんが大すきです。

こうして読んでみると、思い出します。「五百円はげ」も一時できました。「どうだ、俺だってやっぱり苦労してるんだ。これが証拠だ」とがんばったけれど、二人には相手にされません。その冬に「近藤さんちカルタ」をつくってタツクンやマリチャンらと一緒にあそびました。いまでも覚えている「近藤さんちカルタ」の一枚。たしか「く」は「くろうのしょうこ、五百円」。その当時はカルタをしても子どもたちに負けていましたが、この

「く」だけは意地でも僕がとりました。皮膚科へしばし通い、おかげでその後、一万円はげにはならず、今は○円はげです。やはり何だかんだ言っても、神経をつかっていたんだな、僕は。

暁夫の一年生の夏、京都の下宿に二人で一泊したことがありました。僕の大好きな歴史的な古い山の道。クワガタやカブトムシがいつも樹液を吸っている秘密のクヌギの大木も教えました。そのときの下宿の汚さと山道の美しさが強烈に印象に残っていたのですね。

名古屋に僕がいるときは、晩御飯は僕がつくります。直ちゃんや暁夫に食べてもらいたいから。だけど、京都で僕一人。「なんで俺一人のためにつくらないかん?」。当然、懐かしの学生食堂。

部屋はそんなに汚くしてはいなかったように思うのだけれど、暁夫には「めちゃくちゃきたないです」と見えたんだな。

たった一晩のことだったけれど、今、暁夫が大学へお気に入りの山道を下って、衣笠の地から古都を見おろしつつ「フム、フム」と(おそらく)言いながら、毎日通っていると ころをみると、あの遠い日の北白川の美しい山道を一緒に散策したこと――こんなことがどこかでつながっているのかも。

暁夫から
お父さんと行った瓜生山の林

〈学童のはなし〉

学童ではいろいろ勉強させてもらいました。私の小学校生活は、学童を中心に回っていました。学童で覚えたことは「あそびを創る」ことでした。ファミコンはおろか、テレビすらない学童ですから、屋内でも屋外でも、ありあわせの材料と場所、肉体を使って、あそびを創らなければなりません。学童でのあそびは、屋外ではチャンバラや木登り、砂あそびなど、屋内ではコマやトランプなど、現在では消えつつあるものが中心でした。家ではファミコンばかりやっている子でも、こういうあそびの機会をあたえてやると、楽しく盛り上がるんですよ。あそびにも流行があって、冬にはサッカーとコマ、夏はプールや砂あそび、その他チャンバラや靴飛ばしコンテストが突然流行することがありました。木登りは年中やってました。ゴミ捨て場から、何かおもしろいもの（例…洗剤のボトル、ソファー、正露丸）を拾ってきてはそれを工夫して、新しいあそびや秘密の基地を作ったりしました。屋内でも割り箸などありあわせの材料を使った工作もたくさんつくりましたし、あの頃の「ものづくり」の経験が今になって生きているのかなと思います。

冬にコマ認定というものがあって、一月から始まるんですが、燃えましたね。私はもともとあまりうまいほうではなく、一年で「どじょうすくい」（コマを一度床で回してから手にすくい取る技）、二年で「手のせ」（コマを直接手の上で回す）と進度の早いほうではなかったのですが、生来の凝り性が炸裂したのか、家でも学童でも練習を重ね、三年で「つなわたり」（「てのせ」からコマを紐の上にのせてもう一つの手まで運ぶ技。これができれば一人前といわれている）を、四年生で「空中技」（「つなわたりおうふく」「ひものせ」「ゆびのせ」など、コマを地面で回すことのない技の総称）をマスターし、五、六年では「うでがらみ」や「マタドール」などのオリジナル技を編み出し、また、後進の育成にもあたり、二代目名人として学童のコマ史に名を残しました（初代はフミ君）。コマに限らず、学童の子は剣玉やチャンバラ、お手玉などに長けており、学童は現在では消えつつある子どものあそび文化を伝える場となっています。文化庁もそろそろ伝統文化保護育成機関として、学童保育所の保護に乗り出したほうがよいのではないでしょうかね。

わが家はなぜか子どものたまり場になる性質があって、この頃は「第二学童」と呼ばれてました。いろいろな子がきましたね。まったく、学童ではいろんな人と出会いました。一～四年生は上級生や指導員にべったりで、五、六年生は頼りないリーダーで苦労もありましたが、楽しく懐かしい日々です。今では、学童に行くと「あんた誰？」とか「このオヤジ変〜」とか言われてしまいますが。そんな歳になったんだなあ。でも、ちょっとコマの技の二つ三つ見せてやると、目を輝かせて寄ってくるところなど、かわいいですね。私がいた頃とまったく変わっていない。

高校生になってから学童で少しだけバイトしましたが、学童っ子のパワーのものすごいこと。私も昔はこうだったのかなあ。毎日このすごいパワーにつきあっていた（なんと一三年！）「かやま」は偉い。ほんとうに偉い。「かやま」をはじめとする指導員の皆さん、「おにい」「くりぼう」「きん」「たれめ」「かのー」「チャーリー」「みみず」ほんとうにありがとう。そして、わが心のふるさと、神宮東学童保育クラブよ永遠なれ‼

〈小学校のはなし〉

私が通った名古屋市立白鳥小学校は、熱田神宮を通学路にする素晴らしい環境の学校でした。もっとも、学校の横は国道一九号で、かなりうるさかったですが。私が一年生のときに完成したとても新しい校舎が誇りでした。担任の先生方にもかわいがっていただきました。今はやりの学級崩壊とも無縁の学校でしたし、かなり平和な小学校生活を送ったのだと思います。

ただ、勉強はあまりおもしろいものではありませんでした。たしかに成績は良いほうでしたが、私はテストでの高得点や通知表の高評価に快感を覚えるタイプではありませんでしたので。保育園時代はあんなに楽しかった勉強（好きな本を読むことがどれだけ勉強と呼べるかはわからないが）が、なんであんなにつまらなくなってしまったのでしょうか。とくに音楽の鍵盤ハーモニカと縦笛はどうしても好きになれませんでした。本来、リズムあそびや歌など、音楽が嫌いな子どもはいないはずなのに、あれのせいで音楽嫌いになる子は結構いるのではないかと思います。

児童会もしましたけど、あれもどうも好きになれませんでした。やりたくないのにやらされる感じでしたし。たしかに、よい経験にはなったのですが……。

〈ぼくのおとうさん〉

そうですね。私が一年生のときに書きましたね。読みなおしてみましたが、自分でもなかなかよくできていると思います。当時から、親父のことをかなり正確にとらえていますね。私は冷静な目をもっていたようで。

郁ちゃんは「ヒモ」生活が長かったからか、威厳というものが感じられませんでした。わが家の権力順位は①直ちゃん（絶対的権力者）②私（直ちゃんの一の寵臣）③郁ちゃんand 犬といった感じでしたから、私は父親に対して、恐れや尊敬の念を抱くというより、むしろ「友だち」のような感覚をもっていました。直ちゃんは「超人」でしたが、郁ちゃんは「凡人」で、私は郁ちゃんの不完全さ、人間的な弱さが好きでした。なかなか新しい父親像だと思いますよ。郁ちゃんとは一緒になってふざけたり、いろいろな所にふらりと出かけたりしました。二人してだれもいない暴風雨の東山動物園に完全武装して出かけたり、鈴鹿の廃村めぐりをしたり。

とくに、「ぼくのおとうさん」にも出てくる京都北白川から瓜生山へ行った経験は強烈に印象に残っています。あの頃から「大学は京都」と思いはじめたのかもしれません。ほんとうに汚い下宿でした。私の下宿のほうがまだましです。私は半年に一回は掃除をしますから……って同じことかな。

郁ちゃんは下宿から瓜生山を越えて大学へ出勤していました。毎日その途中で木に挨拶し、野ぐそをたれる、そんな「自由人」郁ちゃんにあこがれを抱いていたのかもしれません。私が京都の大学へ行くことになったとき、大学の裏に「原谷」という集落を見つけ、そこから竜安寺裏山を抜け、大学へ至るルートを地形図上で確認し、原谷への下宿をすでに名古屋において決意し、現在山道を歩いて大学に通っている（大学の友人にこのことを話すと例外なく「変」といわれるのだが……）のも、ここにルーツがあるわけです。でも、個人的にはこれってとっても贅沢なことだと思うのですがね。

私は、現在二次林（一般に、人間の活動などにより、植生が改変された林）の植生に興味をもって研究をしています。思えば、私が強烈な印象を受けた瓜生山の植生も二次林でした。「ぼくのおとうさん」に出てくる森は完全に二次林の特徴を表しています。クワガタに興味をもっていた私を、郁ちゃんはコナラやクヌギのたくさん生えている場所を中心に案内してくれました。コナラやクヌギは二次林の代表的な木ですし、コナラやクヌギのなかでも、クワガタが好む木は、炭焼きなどで人間が定期的に枝を切った木です。クワガタは人間が適度に干渉した森によく生息します。こうやって考えてみると、私の原点はこの辺にあるのかもしれませんね。なんだかんだいって郁ちゃんと好みは一緒。親父の影響をもろに受けているようで。

この郁ちゃんが随分変わった人（直ちゃんも？）であり、ひいては私もかなり変わったタイプの人間であることを認識するのは、思春期に入ってからのことです。

主婦がわりの
中・高校生活

思春期まっただなかの中学生

目立たないように生きるんだ

小学校卒業間際、中学校の制服をしつらえるために洋服屋に行き計測しました。体操服も頼んだら赤いジャージを持ってきてくれました。あれっ？　中学はしゃれていて男子が赤いジャージを着るのかな？　と一瞬思ったのですが、念のためにと「この子、男の子なんですけど」と言ったら、「ええっ！　あんまりかわいいから女の子だと思った」と言われるくらい卒業時には身長も低く、かわいらしい暁夫でした。

中学に入学したら、クラスでは小さいほうから四番目。私も中学入学時が一三七センチだったので、おくてなんですよね。

さて中学に入り、学童保育所にも行かなくてよくなった暁夫は、部活にも属さず毎日帰宅するとゴロゴロしてテレビゲーム三昧。夜にはマンガに熱中。『玄人のひとりごと』（中島徹）というマンガがとくに気に入っていましたが、書庫にある『カムイ伝』（白土三平）をはじめとするマンガというマンガを、じっくり時間をかけて読んでいました。小学校時代にしなかった分、中学生になってやっているという感じでした。日曜日に後輩たちがくると、ゲームかマージャン。

「英語と数学は予習・復習が大事だよ」とアドバイスしてもどこ吹く風。私は自分が勉強家だと思ったことは一度もなかったのですが、暁夫の勉強のしなさ加減を見ていると、「私はじつによく勉強したのだ」とはじめて自分の勉強家ぶりに気づきました。

学童がなくなってだらけたせいもあるでしょうが、小学校時代、先生から期待され、したくもないのに児童会役員をしたことが、「マイペース」の暁夫にとっては負担だったのでしょうか。中学に入ったら極力目立たないようにしはじめたのです。それでも一年生のときには長文の作文を書いて「学校文集」に掲載されたりしましたが、二年生になるとわざとふざけた文を書いたりするようになりました。何しろ観点評価が導入され、授業中の態度まで評価対象になりだしたのですから、これでは評価は低くなります。テストの点に比して通知表の評価があまりに低く、びっくりすることもありました。本人はまったく気にしている様子はありませんし、二、三年生の担任は暁夫の好きな社会科の先生で、「暁夫君はそのうち伸びますから」と大きく構えてくれていたので、それも暁夫には救いだったようです。

ただ理科については「先生が高校レベルの問題を出すんだ」と闘志を燃やすこともあり

ました。定期試験でも事前勉強はあまりせず、ほとんど一夜漬け。二週間前から予定を立てて予定通りに勉強していた私からすると「なんやねん」。だけど勉強は本人の問題なので、うるさくは言いませんでした。それに私が忙しすぎて、いちいち暁夫の勉強につきあってなんかいられませんでしたから。高校進学も、内申が悪いので試験で点数を稼がなくてはならなかったのですが、私立高校の試験を三回受けるうちに大体のコツがつかめたそうです。

友だちのことや学校生活のことはあまり語らなくなっていましたが、先生には恵まれていたようで、学年主任の理科の先生も、担任も「暁夫君」と呼んでかわいがってくれました。制服のポケットに麻雀牌を入れて通学していたことも、先生方は知っていながらとがめずにいてくれました。

まったく心配しなかったといったら嘘になります。すればできるのにまったくしない勉強。日々ごろごろしているようにしか見えない姿。でも、小学生のときに「このままがんばっていたら心理的に参ってしまうのでは……」と思ったこともあって、とにかく元気に毎日すごしてくれていればよいというのが、私たちの本音でもありました。ごろごろしつつ、エネルギーを蓄えていたのでしょう。マンガやマージャンも「こうやって馬鹿をしていてくれれば大丈夫なのでは」という思いで見ていました。思春期は非行や不登校など心理的に不安定な時期。じっくりとマイペースで自分づくりを進めてほしい、そんな父母の願いは通じていたのでしょうか?

思春期だぜ

小学生のときは、私が夜いない日が続くとてきめんに甘えん坊になり、べたっとくっついてきた暁夫。六年生になっても一緒に風呂に入り、布団をくっつけて寝ていたし、夜に買い物に出るときなどは、私のジャンパーの中に入り込んで二人羽織のような恰好で歩いたこともありました。恥ずかしくないんやろか? このままで大丈夫? なんて心配は取り越し苦労。

中学一年生の二学期になると、背も伸びはじめ声も変わりはじめ、そうなると私へのべたっとした甘えはなくなり、もちろん入浴は一人で、寝るのも自分の部屋で一人で、となりました。父のことを「あんた」、母のことを「あんた」とか「おい」とか呼んだり、父母と外に出ると絶対一緒に並んでは歩かず、必ず一人でどんどん歩いて親との距離をとるようになりました。思春期だとわかる姿に思わず「かわいい~」。本人は親との距離をとるために苦労しているのでしょうが、こちらから見るとかわいくって仕方がありません。

朝などぐずぐずしている暁夫に「はやくしなさいやあ~」などと節をつけて踊りながら

言うと、「そういう軽さがイヤなんだよなー」ですって。わざと言って怒らしたくなるかわいさです。二年生になると「くそばばあ」とも言ってくれ、「わーい、言った言った」なんて喜んだりして。これでは暁夫も歯向かいがいがないかな？

一年生の冬にスキーで骨折し、二か月ほど松葉杖で通学しましたが、このときはお父さんが車で学校まで送りました。リハビリにもお父さんの車で通いましたが、そういうときは、素直でいろいろとおしゃべりを楽しむことができました。松葉杖のままで阿蘇に家族旅行したりもしました。

三年生になると少し落ちついて私のことを「近藤直子さん」「直子さん」などと呼ぶようになりました。この呼び方は今も

草千里を松葉杖でいく

続いていて、ときには「直ちゃん」とも呼んでいます。外でも親との距離をあまり大きくとらなくなり、こたつでは私の足に足を乗せてきたりしてそれなりのスキンシップ。そろそろややこしい時期は卒業かな？

この頃父は、鈴鹿山脈の御池岳に惹かれて、月に二回は御池岳登山。趣味が高じて自費出版で御池岳の本を出すほどまでに熱を入れていました。郁夫の趣味の本の帯に暁夫がキ

ャッチコピーを考えてくれ、夫も喜んでいました。ちょっと距離はとりはじめて批判もしたりするけど、やっぱり父は暁夫とどこか通じ合うものがあるのです。

めちゃ忙しいお母さん

暁夫の中学時代（九三年から九六年三月）は私の人生のなかで多分一番忙しい時期だったのではないかと思います。九〇年から全障研の愛知支部長になり、これは今も続けていますが、毎週の事務局会議はもちろん、いろいろな学習企画で日曜日もいないことが多い日々。九二年には公立保育園父母の会で知り合った石原さんに無理やり口説かれて愛知保育団体連絡協議会（愛保協）の会長になり、一〇〇〇万円以上の借金を抱えた愛保協の立て直しのために、事務局会議やさまざまな金儲けのための企画を次つぎと打ったために忙しい日々。こちらは九六年まで会長、九七年は引き継ぎのために副会長というふうでした。

そのうえ九三年の暮れには、委員長のなり手がなく空白で困っていた職場の教職員組合の委員長になり、肩書の重いこと重いこと。そして九四年には赤字解消のためもあって全国保育団体合同研究集会（合研）を愛知で開催。全障研の支部長と組合の委員長をしながら、愛保協の会長職もこなしつつ、一万人の参加目標を掲げて合研の準備活動に突入。さらには九五年に全障研の全国大会を五〇〇〇名規模で開催するための準備もはじめました。八面六臂の大活躍というのはこういうことを言うのですね。毎晩どこかの会議に出没。組合の会議も私の忙しさのために平日に開けず、土曜日や休日に開催していたくらいです。

職場では所属していた短期大学部を九五年度で閉鎖し、九六年度からは社会福祉学部にトラバーユすることに決まり、そのための準備もあるしで、やっとれんわ。とくに九四年度、つまり暁夫が中学二年生で思春期真っ盛りのときが一番たいへんでした。組合はあるし、保育合研の参加者組織のために県内をキャラバンで回ったり、準備の会議が連日あったり、全障研全国大会の実行委員会も発足させて、そのうえで日常活動も展開してと、連日連夜「夜の女」。たとえ暁夫が勉強していなくても、そんなことに構っておれる状況ではありません。そしてその合間を縫って月に七、八回の講演もこなしていましたし、全障研の機関誌『みんなのねがい』で二年間の連載もしていたのですから、今考えてもすごいなー。この年の七月には夫のお父さんが大動脈瘤の破裂で緊急入院し、九月には亡くなりました。慌ただしいなかでも暁夫とお見舞いに行き、優しいおじいちゃんと最後のお別れをしました。

九五年もたいへん。高校受験がなんじゃい！　全障研大会への参加者組織のためにまた県内キャラバン。愛保協は合研の成功（一万人の参加目標突破）で少し財政が楽になりましたが、借金の完済はまだ。少しでも油断すると赤字になるような体制を何とかしないとと役員会で連日話し合い。

こんな日々のなか、郁夫は大学が歩いて二〇分という地の利を生かして、晩御飯を作りに帰りまた出勤することも。暁夫がいるから夫婦で夜の仕事ができる。新聞代の支払いも、宅配便の受け取りも、電話の伝言のメモもみんな暁夫の仕事。電話の伝言は最初一便一〇円の契約だったのですが、そのうち私が忙しさにかまけて忘れたら、暁夫は催促もせずに諦めたようです。ほんま、ごめんなさい。

この頃の私の肩書はなんと二〇以上に上り、おかげで肩凝りに悩まされる日々でした。だけどこうしていろいろな取り組みをするなかで、社会的にお役に立つとともに、私の一番やりたいこと、つまり障害児のお母さんたちの組織化も順調に進みました。九二年から「障害乳幼児関係者の集い」を全障研が中心になって開催し、そのなかで知り合ったお母さんたちや、愛保協の会長として知り合った公立保育園父母の会の会長の手を借りて、九三年には公立保育園父母の会の中に障害児部会を発足させることができました。そして毎年「関係者の集い」を積み上げることで、愛保協の役員をおりた九八年には、「障害をもつ子どもの父母のネットワーク愛知」という学童期の子どもを育てる父母を中心とした組織も結成できました。九〇年から始まる私の四〇代は、愛知県の障害者運動、保育運動の中核としての役割を果たすことで、五〇代に向けての基礎固めをした時期だといえると思っています。家にほとんどいないで走り回っていたお母ちゃんですが、忙しかったけどそれなりに満たされていた日々でした。

ゴキブリから鉄ちゃんへ

郁夫のアメリカン

小・中学と部活には縁のなかった暁夫が、高校に入学したらはじめて部活に入りました。入ったのは「鉄道研究同好会」というマイナーなクラブ。クラブ紹介の「人はみな旅人」という文章がえらく気に入ったのです。「先生がなかなか気に入ってるんだよ。郁夫さんに似てるかも……」と言うので、「てことは郁ちゃんも好かれているわけだ」と私が言ったら「郁夫先生はモロ郁夫。純粋だから。アメリカン（薄目の）郁夫がいいんだよ」だって。

中学の修学旅行では東京での自由行動で「目黒寄生虫館」と「神田の古本屋」を選んだ暁夫。このとき、神田の古本屋で見つけた『日本産ゴキブリ類』がいたく気に入り、買いたかったけれど一万二千円もして小遣いで買えず、それが残念でたまりませんでした。

高校一年の夏休みに三人で神田へ出かけ古本屋回り。ありました『日本産ゴキブリ類』。それ以外にも寄生虫、アブラムシ、ダニの本を買い、合計四万二千円。なんと！
「本気なんだ。ゴキブリのことをやろうかなあ」。なぜ自分がゴキブリに関心があるかを夏休みの宿題で書くくらいでした。それによれば、生まれた家（いりなかのボロ住宅）には大きなゴキブリが山ほどいて、夜な夜な自分の頭の上を飛び交っていたので、それが幼少の潜在意識にインプットされたためとのこと。ほんまかいな。

一方でマージャン熱も高まり、訪れてくる学童の後輩たち（もう皆中学生）と徹夜マージャンをしたり、いとこのジュン君（社会人）相手に家族三人で対抗し、父子で「越後屋、お主も悪じゃのう」などと盛り上がり、ジュン君に「親子だねえ」と笑われたりしていました。それと親の趣味ではないので「なんで？」と不思議なのですが、クラシック音楽に凝りはじめ、イントロクイズに出れるのでは、というほど通になりました。小学生のときは音楽が大嫌いだったし、「二」ももらったことのある音楽なのに、そして親はフォークか演歌だというのに、ホント、なんででしょうね。

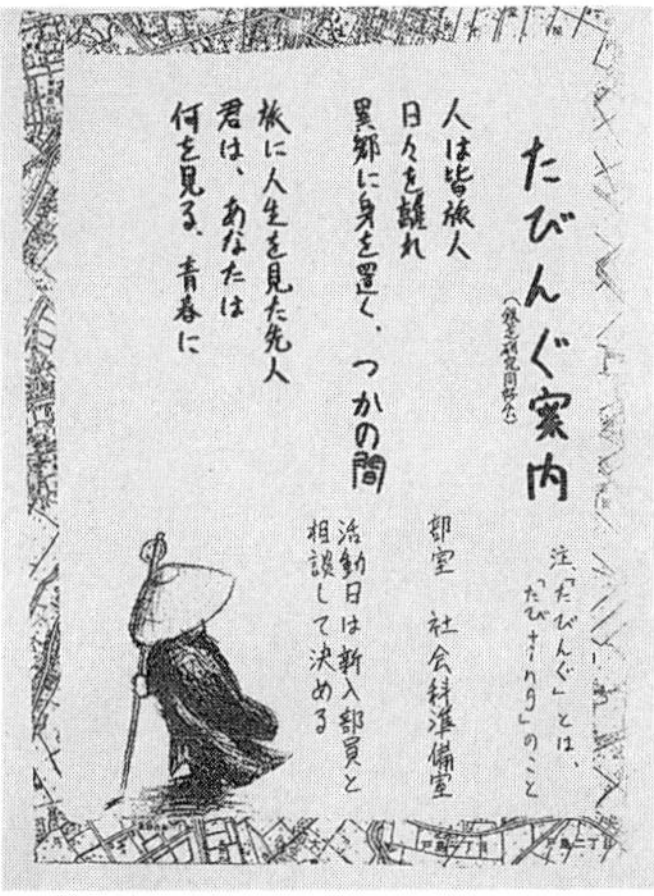

暁夫の青春　鉄道研究同好会

鉄道研究同好会は部員が少ないマイナーなクラブですが、暁夫にとっては昔とった杵柄のような電車のこと。楽しく活動していました。残念ですが後輩が入部せずに、暁夫の卒業とともに形がなくなったようですが……。社会科準備室が部室代わりのクラブなので、社会科準備室に入り浸り、社会科教材を片っ端から読みあさり、歴史も地理も大好きな暁夫にとっては部活以上の居場所づくりになったようです。

一応理系を選択したものの、数学がいま一つということで理系は難しく、けっきょく理系のゴキブリは諦めて地理のほうに進むことに。でも暁夫の関心は地学に近い自然地理。幼児期には特急に凝り、小学生になって歴史と地図に凝り、中学生では『歴史新聞』や『世界大地図』を愛読していた暁夫。その一方で幼児期にはへびや魚、甲虫に凝り、小学生になってからは猛禽類やクワガタに凝り、星や石にも関心を示し恵那の「博石館」にたびたび訪れた暁夫。そんな暁夫の遍歴からすると、社会科と理科の重なる領域が一番の関心対象でもおかしくありません。

好きなことをするのが一番。英語と数学が苦手な暁夫は、理系は諦めて文系で地理のある大学を受験することに。とはいえ受験勉強もいま一つ。中学のときの先生も高校の先生も皆口を揃えて「ユニークなお子さんですね。こういう子は大学に入ってから伸びますから」と言ってくださっていましたが、親もそう思うのです。好きなことならとことん凝ることのできる子だから。その代わりいやだとなったらホントにやらないんですよね。
まあボチボチいこか……。

暁夫のおかげです

郁夫のお父さんは九四年の秋に亡くなりましたが、九五年の夏には私の父があきらかにボケ症状を呈するようになりました。わが家の父と母は私が結婚してすぐに別居し、母は大阪でヨガ教室を開き、父は同じく大阪で仕事をしていたのですが、姉がカークンの就学を機に滋賀に住むのに合わせて、滋賀に引っ越しました。父の隣に姉が家を建て、隣り合わせに生活をしていました。その父が、孫のカークンに「わしの手帳を盗んだ」などと言いがかりをつけるようになったのです。被害妄想のよう。専門医で診てもらったら「アルツハイマーによる軽度のボケ」との診断で、母が、独り暮らしは難しそうだからと「ケアハウス」への入所を勧めました。

　ケアハウスへの引っ越しは郁夫と暁夫が手伝いました。父の

高校の春休み　旅先の関ヶ原で

家はそれこそ足の踏み場もなく、腐った食品が新聞紙の下にたまり、畳が腐ってきていたそうです。父がボケてから姉と父の関係が悪化したため、引っ越しをわが家が手伝ったのです。ケアハウスへの訪問はしばらく母が行っていましたが、母もS字結腸癌にかかり入院するなどしたため、九七年の夏からはわが家が父を訪問することになりました。二か月に一度の定期受診にも滋賀まで出かけて連れていきました。九八年の九月には癌の転移で母が入院。妹と姉が交代で看護し一〇月に亡くなりました。

その間も父のボケはどんどん進行し、九八年の暮れには「もうケアハウスでの処遇は困難だ」と言い渡されました。それからがたいへん。父の特別養護老人ホームの入所申し込みとともに、入所できるまで預かってくれる老人保健施設を探し、近江八幡の施設に入ることになりました。仕事の合間を縫って手続きのたびに滋賀まで出向きました。そして、九九年の二月にケアハウスから老人保健施設に移るときは、郁夫がどうしても仕事の都合がつかず、受験翌日の暁夫に荷物運びを頼みました。さらには、ケアハウスからの父の荷物の撤去も暁夫に手伝ってもらいました。ほんとうに役に立つ息子です。ありがたい。

その後、一〇月には特別養護老人ホームに入所が決まり、父は故郷の松林に似た松に囲まれたホームが気に入り、穏やかな日々を送っています。

ばたばたと忙しい私たち。だから暁夫は大学の入試の手続きも、入学手続きも、下宿の手続きや家具の手配も何から何まで一人で済ませました。ここまでしっかりしてきたのだとあらためて暁夫を仰ぎ見る思いです。

そのうえ暁夫は、祖父母に対してとても優しくて、夫の父親の見舞いも、私の母の見舞いも、そして私の父のための力仕事も、入院が続いた夫の母親の見舞いも欠かさず、帰省のたびに顔見せして祖父母孝行しています。幼いとき、おじいちゃんおばあちゃんたちのお世話になったこと、おじいちゃんと山に登ったこと、みんなたいせつな思い出にしてくれているようです。そうだよね、私たちも暁夫もほんとうにお世話になったんだもんね。

二〇〇〇年一一月には、永く暁夫の友として家族の一員として暮らしてきた愛犬モモコが寝たきりになりました。朝、その旨を電話したらさっそく夜には帰省してきて、モモコと最後の写真を撮って京都に帰っていきました。一〇日後、モモコは永眠しましたが、家族全員で写真が撮れたのも暁夫のおかげです。

現在は……

高校を卒業し京都に下宿した暁夫。暁夫がいなくなったおかげで、新聞屋のおじさんにはとても迷惑をかけています。学生部長になってしまい、日々帰るのが遅い私。夜間の授業があってやっぱり遅い郁夫。集金するのがたいへん。宅配便も留守が多く、電話をかけて持ってきてもらうにしても、家にいるときが少ないので宅配便の人にも迷惑をかけています。暁夫は偉大だった。

暁夫は地理学を専攻し、サークルも「地理研」に所属し、毎日京都の原谷から歩いて大学に通っています。竜安寺の裏山を下りる途上、いのししやリス、狸にも遭遇したとか。下りが三五分、上りが四〇分かかり、銭湯に行く日はお風呂グッズを背負って山を下りるのだとか。なんともおもろい大学生。クラシックをこよなく愛し、サークルを通して「学問するおもしろさがわかった」と言い、毎朝おにぎりと味噌汁を作る大学生。これからどういう道を選ぶのでしょうか?

学生部長として日々大学生の抱える問題に直面している母は、楽しく充実した大学生活を息子には送ってほしいと心から願っています。

郁夫より
ステキでトロイ二〇代を

暁夫が五年生のとき、僕は今の職場に変わりました。芸術系の学生さんたちはかわいく、僕は大好きでした。目茶苦茶な研究・教育条件、勤務条件でしたが、同僚たちとも気持ち良く仕事ができました。やはり名古屋⟷京都の二重生活は、僕自身は苦ではありませんでしたが、カミサンや暁夫に負担をかけ続けていたことは事実です。

新しい職場は家から歩いて二十分。古い下町の商店街「雁道通り」をぶらぶら歩いての通勤です。大学は、近々長久手への移転をひかえて、会議会議とこれまた慌ただしい日々にかわりはありませんでしたが、こちらの大学の学生もかわいく、なにより家族一緒に住めることのありがたさ。

晩御飯をつくりにいったん家へ戻り、また出勤ということもよくありました。

カミサンは無茶苦茶に結構重い肩書を増やし飛び回っておりました。僕も同じ頃、全国生活指導研究協議会（全生研）京都大会実行委員長、日本生活指導学会事務局長、神宮東学童保育クラブ運営委員長、教員組合の執行委員、書記長、後に委員長を二期、神宮東保育園専属サンタクロース（?）などの肩書の生活。

当然、ときにはグチも出る。「うじゃうじゃ」とカミサンや暁夫にグチを言っても、カミサンのほうがやはり肩書重く「誰に言っとるの?」。「うじゃうじゃ」言うても、むなしいことよ。

親がこんな日々だったから、せめて家にいるときは「タラタラ」の生活をしようということがわが家のモットー。やらねばならぬことはかたづけて、あとはタラ〜タラ〜。

とにかく、みんな元気で毎日を生きていればそれでいい。カミサンとは互いに言い聞かせつつ生活してきました。もうこの頃になると、細かい世話をふくめた子育ては終わり、比較的時間を見つけようと思えば見つけられるように。

京都へ通っていた頃から開始していた、鈴鹿山脈の「廃村」めぐり。「もののあはれ」を感じてみたい、ということと、本格的な登山は無理だけど、廃村ならば昔人が生活していたのだから、道もまだあり、登山としては楽かもということで。

転《まろ》びつつ、鈴鹿山脈をさまよってやがて、御池岳と出会う。そこからの月二回の御池岳へののめりこみは、僕の道楽本シリーズ（やぶこぎ讃歌『風物語』『雫物語』『霧物語』『増補・風物語』『御池岳残雪』『御池岳・彩』）に詳しい。あそび心でつくった本。どうせなら帯もつけてやれと帯のコピーを考える。

暁夫の傑作。

「犬も読まぬこの雑文、あなたはどこまで読めるか」（『雫』の帯）

「山羊のエサに最適—この雑文集、あなたはどこまで読めるか」（『霧』の帯）

おもしろい！　と即採用。

暁夫が大学生になった頃だったか、僕の道楽本について「あれはなかなかじゃない？」とコメントをくれました。いつ読んだかもしらないけれど、あのシリーズについていろんな方からありがたい評をいただいていたが、コピーライター(?)の暁夫(批評眼の厳しい)からの評が一番うれしかった。

親子そろって地球上の大先達、三億年のゴキブリ礼賛。しかし、クラシック音楽への傾倒は、完全に親を乗り越えて独自の境地。

この先、どんな彼女と出会い、僕たちに紹介してくれるか、楽しみだ。

家ではこれからもタラタラでトロイことをいっぱいしながら、僕は僕の五〇代を生きていきたい。こんな僕にあたえられた職務に一区切りがつけば、その後は僕はチリリンチリリンの放浪の旅をしたい。だけど直子ちゃんや暁夫君に迷惑をかけないようにしよう。「捜索願い不要」「葬式不要」とこの場を借りて書いておこう。

暁夫は暁夫のステキでトロイ二〇代を……と祈りつつ。

暁夫より 私って何者?

「暁夫のおかげです」とか「あらためて暁夫を仰ぎ見る思いです」とか、この本も終わり頃にきて、親馬鹿にも磨きがかかってきたようですね。

基本的に小学校まで「素直」に育ってきた私も、中学生になると多少「ひねくれ」が入ってきました。ある意味現在までひねくれっぱなしですが。小学校までは他人と自分を比べるようなことはなかったのですが、中学生になると「私って何者?」と考えるようになります(だれでも通る道ですかね)。そして、「どうも私は(私の親も)他の人と違うぞ」ということを感じるようになりました。私の周りには私のような鉄道マニアも放浪人もいませんでしたからね(ファッションに気をつかい、ゲーセンにたむろするような多数派とはかなり異質な、中・高校生でした)。かといって勉強一直線というわけでもなかったですね。多数派の方々には軽蔑とあこがれの両方の感情をもっていました。しかし、どうしても私には多数派のような学生生活は送れそうもないし、無理に多数派に同化する意思もなかったので、とりあえず好きなように生きてみようと思うようになりました。

小学生までの私は、かなり無理をして「優等生の暁夫」「いい子の暁夫」を演じていたように思います。好きなように生きてみたいと思ったのは、それへの反発もあったのでしょうね。同時に「優等生の暁夫」は、リーダー的な存在に祭り上げられがちで、それが苦痛だった私は、できるだけ目立たないように生きようとも思いました。

しかし、生のままに生きようとすれば角もたちます。目立たないことと好きなように生きることの両立は不可能でした。次第に私は「ちょっと変わった子」「ユニークな子」という認識を受けるようになります。そうなると、だんだん私のアイデンティティーというか存在意義が、「ちょっと変わっていること」「ユニークなこと」になっていきました。周囲は私がユニークであればあるほど喜ぶのではないか、私にユニークであることを求めているのではないかと感じるようになり、私はそれに応えていきました。けっきょくのところ「ちょっと変わった暁夫」「ユニークな暁夫」を再び演じていったのです。うーん、複雑ですね。まあ、多かれ少なかれだれにでもあることなのでしょうが、当時の私は屈折していましたね。「ユニークっぷり」をどんどんエスカレートさせていき、社会不適格者への道を邁進していました。下手をすると、今はやりの「一七歳少年」になっていたかもしれませんね。

ただ、そんな私に、親はわりあいどっしり構えていたようです。多少は反抗もしてみましたが、直ちゃん相手では、所詮私が何をしたところでお釈迦様の手のひらの上という感じがして、手応えがないというか、「どうもこの人には勝てそうもないな」と思うようになり、反抗するのをやめました。もしかして、私って負け犬？　私が物わかりがよすぎたのかもしれませんが、もう少し熱いファイトもしてみたかったなあ。

そんな私ですが、中学、高校と先生には恵まれていたと思います。同級生より、むしろ先生方と話が合っていたように思います。先生方は「こいつはかわいいやつだ」と思っていたのか「こいつは変なやつで、相手にしてやらんと何しでかすかわからん」と思って私とつきあっていたかはわかりませんが（おそらく前者でしょう）。とくに、中二から三年の担任や「小生さん」（高校の鉄道研究同好会「たびんぐ」の顧問）をはじめとする社会科の先生方にはたいへんお世話になりました。私が地理学科に進んだのも、社会科の先生方の影響が大きいと思います。「たびんぐ」が部室代わりにしていた社会科準備室で、熱い紅茶をすすりながら、小生さんや「同志」祝さんと語った日々を懐かしく思い出します。差し込む西日、部室いっぱいの本や地形図、遠く聞こえる運動部のかけ声、窓から見える新幹線、ガスストーブの上で湯気を上げるやかん……。そう、あの部室が私の青春でした。「たびんぐ」はたいへんよい部活でしたが、残念ながら私の卒業とともにつぶれてしまいました。

ときは流れ、現在私は「立命館大学I部学術部地理学研究会」（通称「地理研」）の委員長をしております。「地理研」も素晴らしいサークルなのですが、部員が少なく、綱渡り操業の状態です。「たびんぐ」はつぶしてしまいましたが、「地理研」だけは何としてもつぶしたくありません。これを読んでいるあなた、もし、立命館に入学する予定があるのなら、ぜひ「地理研」に入ってください。お願いします。

前の文章を読むと、教師とばかりつきあっていたように感じられるかもしれませんが、実際には友だちもちゃんとおり、各種行事にもそれなりに楽しんで参加しました。アホもしましたし（たとえば、球技大会の日に教室にマージャン牌を持ち込んで、マージャン大会をやって怒られたとか）、なんだかんだいって充実した中・高校時代だったと思います。時間はかなり無為にすごしたような気もしますが、そういう「ぜいたく」ができるのもこの頃くらいですし。

しかし、勉強はつまらなかったですね。成績はまあまあでしたが、受験勉強の無意味で苦痛なこと！　就学前→小→中→高と、どんどん勉強がつまらなくなっていったような気がします。ただ、大学へ行くと全然違うのです。大学へ入って、十何年かぶりに学問のおもしろさを思い出したような気がします。学問は、人間の知的欲求から生まれたものなので、本来おもしろいはずなのですが、高校までの勉強はなんであんなにつまらないのでしょう。勉強の苦しみを知らなければ、学問のおもしろさを理解できないとでもいうのでしょうか。私はもう少し早くこのおもしろさを知りたかったですね。

最近、私は「小中高校はおとなや友だちとあそぶところ」で、大学は「学問とあそぶところ」だと思うようになりました。そうすると、高校は「学問とあそぶに足る資格を身につけるところ」なのかもしれません。「生徒」から「学生」への変化はこんなにも大きなものだとは思いませんでした。高校でどれだけ勉強ができても、それは学問とあそぶに足る資格を身につけたにすぎず、ほんとうのスタートラインは大学からです。高校を卒業して、はじめて理解できたことです。

〈現在は〉

そんなわけで受験勉強もろくにしなかったのですが（やったのはいくらやっても偏差値が一上がるか上がらないかの「地理」ばかり）、どうにか立命館大学文学部地理学科に拾っていただけることになりました。行くと決まったら地図を広げて下宿を原谷に決定。当初の予定通り大学まで山道を歩いて通っています。コバノミツバツツジやヤマツツジ、アラカシ、シラカシといった木々や、イノシシ、リス、タヌキ、キツネ、マムシなどの動物たちと語らいながら山道を散策していると、今まで考えもつかなかったことが次つぎと浮かんできます。山はいい……って、これは親父も言っていたかな。まったく、どんどん親父に似てくるわい。容姿はまだ私のほうがましなはずだが……。年取ると容姿もあんなふうになるのかな。うーん。

一人っ子の甘えん坊で、自分でも下宿して大丈夫かと思いましたが、地理研の仲間をはじめとする友人たちや先生方のサポートで、何とかやっております。下宿してから世界は広がるばかり。この世界は（そして人間も）、美しく、不思議に満ち、素晴らしいものであると、遅まきながらだんだんとわかってきたような気がします。この世界は、人間は、愛する価値があると思います。そして、私はこの世界で何をすべきか考えています。私は今、幸せです。

最後にひとつ。大学へ入るまでの私は、ほとんど社会不適格者でした（現在もそうだという声もあるのですが）。「地理研」に入らなければ、私は社会不適格者から抜け出せられなかったかもしれませんし、幸せに学問とあそぶこともできなかったかもしれません。そういうわけで、宣伝を——

「サークルなら『立命館大学Ⅰ部学術部地理学研究会』」

おわりに　そんなこともあったなぁ

〈この本を書いてみてのそれぞれの思いをひとこと〉

郁夫「一人の人間がおとなになるまでには、目茶苦茶たくさんの人の手を借りるのだといまさらながらびっくり。直子の記録を読んで『そんなこともあったなぁ』と思い出すことが多かった。ということはどんどんと忘れていくのね。僕だけかもしらんけど……」

晩夫「ツモッ！　本文中に書いたやろぉ」

直子「暁夫の文才にいまさらながらに親馬鹿でむふふ」

〈書き終えて暁夫に一言インタビュー〉

母「世間では一般的に共働き家庭の子どもは淋しい思いをさせられているように言うけどどうやった？」

暁「はへっ？　とくにないなあそういうことは。これが普通やったから」

母「あんまり普通の家ではないけどな」
暁「普通というのは相対的なもんやしな。自分にとってはこれが普通やし……」
父「学校の勉強はなんでそんなにおもしろくなかったんや?」
暁「やりたくないことをやらされたからやな」
母「それでも知らなかったことを知っておもしろいと思ったこともあるやろ?」
暁「そらまあそういうこともあったけどな」
父「どうしたら勉強がおもしろくなると思うか、教育学を教えている者として聞きたいな」
暁「そんなことは自分で考えい!」
母「世間の人は『一七歳少年』の犯罪のことを心配してるけど、アキからみて何が歯止めだと思うの?」
暁「ようわからん。運かなぁ」
母「アキは社会科の先生に救われてるけどな」
暁「まあな」

母「『一七歳少年』とあまり違わないと感じるのは、自分が他の子と違っていることから?」
暁「多分そうやろうけど」
母「人との違いを感じるけど、何がほんとうにしたいか今一つわからないから不安定になるんやろなぁ」

思春期から青年期の自分については、もう少し経ってから、あらためて客観的にとらえ直してみてくださいね。

ユニーク、変わっていると保育所時代から言われていた暁夫ですが、わが家自体がこの時代としてはユニークで変わっていたのですから、ユニークで当たり前と言えば当たり前のこと。それが不幸と感じられるのは、周りが不幸な家庭だとレッテルを貼ったり、そのことで孤立化したりするときではないでしょうか。

子どももおとなも一人ひとりは、受け止められたい、認められたいという人間としての共通した願いをもって生きています。でも難しいのは、受け止められている、認められていると感じるありようが、人それぞれ極めてユニークだということです。保育所時代も学童保育所時代も、好きなことだけをしていたわけではありませんが、好きな本を読み、あそびを共有している間にはあまり感じなかった矛盾を､思春期以降は感じだしたようです。中学時代、それまでとは違う何かを求めはじめた暁夫は、自分の興味関心を認めて共感してくれる仲間を求めていたのでしょうが、社会科の教師以外にはなかなか共感しあえる仲間がいなかったようです。親が感心しているだけではもう物足りなくなっていました。

だから今、同じような関心を共有できる「地理おたく」の先輩や友人たちとともに進めるサークル活動が充実しているのでしょう。

たいせつなことは、共働きかどうかという家庭の形式ではなく、子どもが受け止められている、認められていると感じられること。それは、子どもの良さも情けなさもふくめてその子自身として受け止めることだし、子どもの持ち味を親としてたいせつにし応援することなのではないでしょうか。親がわが子に期待するのはある意味で当然のことでしょうが、親の成しえなかったことをわが子に託すということではないはずです。私たちは暁夫が暁夫らしく、自分の持ち味を生かして生きていくことを期待する親であろうとしてきました。そして自分の人生は自分らしく生きていたいと思っています。

しかし、親も子どもも自分らしく生きたいと思っても、現実にはなかなかそうはいきません。共働き生活のなかで、子どもが幼いうちは、夫婦のどちらが子どもをお迎えにいくか看病するかでけんかし、子どもが小学生になれば学習のことが気になり、思春期になれば親子のふれあいの乏しさから非行や心の悩みのことが気にかかります。夫婦が一生懸命がんばっても、保育条件が悪かったり、先生に恵まれないということもあります。だから悩むし迷うし苦しむのです。そんなとき、夫婦だけで問題を解決しようと無理をしない、それが私たちの子育てのスタンスでした。お迎えも看病も、祖父母だけでなく近所の方に手伝ってもらいました。若い父母のなかには、近所の人に頼むことへの躊躇もあるようです。私たちの世代よりも人の感情に敏感で、どう思われるかとか、迷惑なのではないかと考えすぎる人もいます。でも私は、そこで一踏ん張りしてほしいと思っています。子育てにとって、近所の人はたいせつな財産です。子どものお迎えを頼んだり預かってもらうことで、近所の人にわが家のことをよく知ってもらえるだけでなく、子どもたちにたくさんの頼りになるおとなの友人を保障することになるからです。

子どもはどんどんと父母の手から離れていきます。子どもを取り巻く子ども集団は地域の子どもたちによって構成されています。わが子だけでない近所の子どもたちを見守る近所のおとなたちの存在がどれだけ心強いことか。親子げんかをして家を飛び出した中学生がもぐりこめる家が近くにあれば、親も安心して子どもと真剣にけんかできます。親には言えない悩みを語れるおとなが近くにいれば、先生が少しくらい「外れ」であっても、いくらでもカバーできます。学童保育所のような場で、少し年長の先輩と関わっていることも、子どもにとっては大きな財産ですよね。先輩と話しているうちに気持ちが落ちつくこともあるのですから。

近所の人との関係づくりは、単にたいへんなときに支えてもらうだけでなく、子育ての悩みを聞いてもらったりするとともに、子どもの周りに素敵なおとなの輪をつくるということなのです。共働きだから助けてもらわなくてはならない。このことをラッキーと思って、近所の人に助けてもらいましょう。いますぐにはお返しできないでしょうが、いずれお返しするときもくるかもしれません。相身互い身なのですから。

保育所や学童保育所はこうした近所づきあいの輪を作るうえで、このうえなく素晴らしい出会いの場。子どもの保育だけでなく、父母の出会いをより楽しく実のあるものとしていくことも、保育者や指導員の仕事ではないでしょうか。若い父母は私たちの時代よりも一層学歴が上がり、職場体験もひろがりのあるものになり、機会さえあれば素晴らしい力量を発揮できる可能性をもっています。可能性を現実に変える手助けを！

さてわが家の子育ては、暁夫が幼いうちは私の影響力が圧倒的だったのですが、父親の存在のたいせつさをいりなかの教職員住宅時代に実感していた郁夫は、私のいない休みに、暁夫と廃村めぐりをしたり珍道中を楽しんだりと父子だけの時間を共有していました。それが思春期以降、暁夫が内的世界を広げるうえでの財産となったのだといまさらながらに感じています。男同士っていいなぁ。

　さて五〇代になりましたが、私も郁夫もやりたいことがまだまだいっぱい。暁夫は大学生となって自分がやりたかったことをやれる楽しさを実感中。後一〇年すれば、夫婦は六〇代で暁夫は三〇歳。その頃も、けっきょく私たちは「なんて忙しいんや」とぶーぶー言いつつも、やりたいことをやり続けているでしょう。暁夫は三四歳までに就職するそうなので、まだプーをしているかもしれません。でもそれも人生。一度しかない人生を自分の力で楽しんでいきたいもの。

　暁夫が成人を迎えた記念に書いたこの本も、一〇年後には「そんなこともあったなぁ。どんどんわすれていくんやなぁ。僕だけかもしれんけど」と思い出になっていることでしょう。


二〇〇一年一月八日、暁夫の成人式（本人は下宿に戻り欠席）に寄せて

直子

近藤　直子（こんどう　なおこ）
1950年東京生まれ、大阪育ち。京都大学大学院教育学研究科修士課程修了。現在、日本福祉大学社会福祉学部社会福祉学科教授・学生部長。発達心理学、障害児心理学、障害児保育を担当。1973年より現在まで保健所にて一歳半健診後の発達相談を担当。全国障害者問題研究会愛知支部長。主な著書に『子育て楽しんでますか？——わたしの街の子育て支援』（かもがわ出版）、『発達の芽をみつめて』（全障研出版部）、『ぐんぐん伸びろ発達の芽』（全障研出版部）、他がある。

近藤　郁夫（こんどう　いくお）
1947年愛知県生まれ、名古屋の下町育ち。京都大学大学院教育学研究科博士課程修了。現在愛知県立大学文学部児童教育学科教授。主な著書に『教育実践——人間的呼応の営み』（三学出版）、『子育て・父親にできること』（共著、旬報社）、『心を抱く』（共著、ひとなる書房）、他がある。

近藤　暁夫（こんどう　あきお）
1980年名古屋生まれ。現在、立命館大学文学部地理学科学生。立命館大学Ｉ部学術部地理学研究会委員長。

親子で語る 保育園っ子が20歳になるまで
超忙し母さん夢見る父さんのマイウェイ子育て

2001年８月25日　初版発行

著　者　近　藤　直　子
　　　　近　藤　郁　夫
　　　　近　藤　暁　夫
発行者　名古屋　研　一

発行所　㈱ひとなる書房
東京都文京区本郷２－17－13
広和レジデンス101
ＴＥＬ03（3811）1372
ＦＡＸ03（3811）1383

＊落丁本、乱丁本はお取り替えいたします。

印刷／モリモト印刷株式会社